Bauwelt Fundamente 57

Herausgegeben von Ulrich Conrads
unter Mitarbeit von Peter Neitzke

Beirat:
Gerd Albers
Hansmartin Bruckmann
Lucius Burckhardt
Gerhard Fehl
Herbert Hübner
Julius Posener
Thomas Sieverts

Max Onsell

Ausdruck und Wirklichkeit

Versuch über den Historismus in der Baukunst

Friedr. Vieweg & Sohn   Braunschweig / Wiesbaden

CIP-Kurztitelaufnahme der Deutschen Bibliothek

Onsell, Max:
Ausdruck und Wirklichkeit: Versuch über d.
Historismus in d. Baukunst/Max Onsell. –
Braunschweig, Wiesbaden: Vieweg, 1981.
   (Bauwelt-Fundamente; 57)
   ISBN 3-528-08757-9

NE: GT

© Friedr. Vieweg & Sohn Verlagsgesellschaft mbH, Braunschweig 1981

1. Umschlagseite: Karl Friedrich Schinkel: Pergola im Gärtnerhaus Charlottenhof (Ausschnitt aus der Originalgraphik)
4. Umschlagseite: Eugène Viollet-le-Duc: Grand Lutrin de Notre-Dame, Entwurfsdetail 1868 (aus: Viollet-le-Duc, Katalog zur Ausstellung Paris 1980, Kat. Nr. 437)

Umschlagentwurf von Helmut Lortz
Druck: E. Hunold, Braunschweig
Buchbinderei: W. Langelüddecke, Braunschweig
Alle Rechte vorbehalten. Printed in Germany

ISBN 3-528-08757-9

Inhalt

Einleitung 7

Erster Teil:
Thesen und Gegenthesen 25

Zweiter Teil:
Synthesen 65

Ausblick 99

Quellen 112

Ziffern — mit zugehörigen Band- und Seitenangaben — verweisen auf die benutzten Quellen (S. 112)

1 Piranesi, Veduta dell'Arco die Tito 1756

*Mehrfache geschichtliche Kenntnisse
aber muß man haben,
weil die Baumeister in ihren Werken
oft viele Zierden anbringen,
worüber sie auf Befragen,
warum sie dieselben gemacht haben,
den Grund angeben müssen.*

Vitruv

Einleitung

Die Wahrheit interessiert mich nicht. Wahrheit ist ein forensischer Begriff, Gerichtsverhandlungen dienen der vorurteilsfreien Wahrheitsfindung. Kulturgeschichte nicht, der Kulturhistoriker fängt seine Arbeit gerade damit an, daß er ein Vorurteil postuliert, und dieses Vorurteil, von allen Seiten abgehorcht, vermittelt ihm Einsichten, die mehr wert sind als die Fragwürdigkeiten der Wahrheit. Einsichten, nicht nur in eine historische Situation, sondern vor allem auch in die eigene. Es ist wichtig, daß der Leser diese Voraussetzung meiner Arbeitsweise kennt, einer Arbeitsweise, die nicht Wissenschaft ist, sondern Essay.

Man sagt — und das ist so ein Vorurteil —, daß die Architektur einer bestimmten Zeit die gesellschaftlichen Bedingungen spiegelt, unter denen sie entstanden ist. Geschenkt! Was nun die Baukunst des 19. Jahrhunderts betrifft, so soll sie mit ihrer Vielfalt nachgemachter Stile das Durcheinander einer pluralistischen Gesellschaft spiegeln, die imgrunde nicht weiß, was sie will. Zwar bemüht man sich heute etwas ernsthafter um dieses Bauen als vor zwanzig Jahren, aber immer noch wird so getan, als hätten seine Architekten den Entschluß, in dem einen oder andern Stil zu bauen, mehr zufällig gefaßt, ohne innere Notwendigkeit, als hätten sie nur irgendwelchen geschmäcklerischen Neigungen nachgegeben, einfach immer das genommen, woran sie gerade Gefallen hatten. Das zentrale Vorurteil *meiner* Arbeit besagt das Gegenteil: Jedem der drei Haupt-Ismen dieser

Zeit — Renaissancismus, Gotizismus und Klassizismus — entspricht ein eindeutig definierbarer gesellschaftlich-politischer Ismus. Die Vielfalt der Stilformen im 19. Jahrhundert spiegelt dessen pluralistische Gesellschaft nicht nur vage, sondern ganz präzise wider.

Unsere klassisch-mediterrane Architektur stellt einen Herrschaftsanspruch. Archi-Tectura, das ist nicht nur einfach Ober-Zimmerei, sie ist vor allem das Ur- und Erzgefüge, das den Raum bezwingt und ihn mit den Machtmitteln der Geometrie gliedert. Wo je Architektur behauptet hat, auf den Menschen bezogen zu sein, da bezog sie sich natürlich immer nur auf die Geometrie des menschlichen Körpers, seine Größe, sein Schrittmaß, seine Augenhöhe. Es ist ihr gleichgültig, ob der Mensch überhaupt lebt, dem sie angeblich dient. Ja, der architektonische Kanon erfüllt seine Aufgabe am Leichnam womöglich noch besser. Der schwäbische Bauphilosoph Hugo Häring (1882—1958):

> (Die Architektur) baute sich auf den geistigen und technischen aspekten der geometrischen figuren auf und übte sich in ihnen an den bauten für götter und tote, die keine leistungsansprüche stellten. Die formgewalten, die sie an diesen gestaltwerken entwickelte, übertrug sie auf alle übrigen bauwerke. (9, S.4)

Aber schon im 18. Jahrhundert beginnt diese Herrschaftsmacht abzubröckeln. Die Ansichten, die uns Giovanni Battista Piranesi (1720—1778) vom Rom seiner Zeit gibt, sind beherrscht von einem magischen Realismus. (Abb. 1) Der sensible Künstler scheint zu fühlen, daß Rom durch Architektur unbewohnbar geworden ist. Zwischen den Kirchen für Götter und Tote, den Palazzi, die offensichtlich leer stehen, und den sinnlosen antiken Ruinen ist das Volk nur noch Staffage — Lemuren, die gerade die Energie aufbringen, ihre Notdurft zu verrichten.

Es ist die Zeit, wo mit sogenannten Idealarchitekturen, Entwürfen, die nicht dazu bestimmt sind, gebaut zu werden, das Prinzip der geometrischen Raumgliederung ad absurdum geführt werden soll. Piranesi ist ein Meister dieses Genres, das er bis zum Extremen treibt. Seine Blattfolge ‚Carceri', Kerker, zeigt nur noch Ausschnitte aus einer offensichtlich grenzenlosen Architektur, die die ganze Welt zum Gefängnis verbaut. (Abb. 2) Und zwar nicht zu dem Gefängnis, das den sittlichen Idealen des 19. Jahrhunderts entspricht, mit seinen dem Kloster nachempfundenen Zellenbauten. Nein, in Piranesis Carceri sühnt niemand, der Unterschied zwischen Bewachern und Bewachten ist aufgehoben, gefangen sind beide in der durch Architektur gemaßregelten Welt.

2 Piranesi, Aus der Serie Carceri d'Invenzione 1750

Damit ist schon ein geheimer Aufruf verbunden, diese Architektur zu zerstören und durch ein neues Bauen zu ersetzen, das neues Leben möglich macht. In dem Maße, wie das 19. Jahrhundert Autorität abbaut, in Gesellschaft, Wissenschaft und Kunst, wandelt sich die Autorität der historischen Stilformen zum Formenschatz historistischer Motive. Der Kanon weicht den Ismen, die letztlich nur noch semiotisch zu verstehen sind. Bauformen ruhen nicht mehr im Gleichgewicht ihrer selbst, sie weisen auf etwas außer ihnen Liegendes hin, sie haben Bedeutung.
Die Romantiker wissen das. Friedrich Schinkel (1781–1841):
> Das Gothische in der Architectur ist unbestimmt, anregend, daher weiblich. Das Griechische männlich. (15, S. 197)

Eine durchaus subjektive Codifizierung. Aber Schinkel hat ein Gefühl dafür, daß der Baukünstler dem Wesen dessen, das er bauen will, durch einen ihm gemäßen Baustil Ausdruck verleihen muß. Es ist durchaus etwas anderes, ob man eine katholische oder eine evangelische Kirche baut. Zum Katholischen gehört wesenhaft mütterliche, mittelalterliche Gotik, allenfalls noch das Barock der Gegenreformation, zum Evangelischen die griechischen und frühchristlichen, ursprünglichen und männlichen Stile. Eine Synagoge wiederum sollte man orientalisch gestalten. Eklektizistisch bauen, das heißt, immer den Baustil wählen, der dem gemäß ist, was gebaut werden soll. Weltliche Verwaltungsbauten im Renaissancestil, Gymnasien im griechischen, Bäder im römischen. Im Rheinland romanisch, in Bayern Rokoko, in Preußen klassizistisch.
Es ist billig, dem schöpferische Schwäche nachzusagen. Auch heute verzichtet der Architekt nicht darauf, in seinen Fassaden etwas vom Wesen dessen sichtbar zu machen, für das er baut. Ob er sich dabei wirklich keiner eklektizistischen Formensprache bedient, ist im Einzelfall zu untersuchen. Für seinen Mäzen, einen Kaffeegroßhändler, gestaltet Bernhard Hoetger (1874–1949) die Böttcherstraße in der Bremer Altstadt zum modernen Fußgänger-Einkaufsbezirk um. Da hätten mittelalterliche Anklänge nahegelegen, aber es soll ja für Kaffee Reklame gemacht werden. So gibt er dem Ganzen die Ambiance eines morgenländischen Bazars und treibt sogar unterschwellige Werbung mit einem Glockenspiel aus Porzellantassen.
Längst weiß die moderne Wirtschaftswerbung, wie sehr Bauformen mit Bedeutung befrachtet sind. Die Türme der mittelalterlichen Stadt sind das Zeichen für die Sicherheit, die ihre Mauern und Kirchen, weltliche und geistliche Macht bieten. Heute, wo Sicherheit als Ware gehandelt wird, profitieren die Hochhäuser der Versicherungen von diesem Symbol.

Ironie ist das adäquate Mittel, dem eklektizistischen Historismus sich zu nähern. Das Haus weiter nicht als hehre Architektur denken, sondern als Gebrauchsgegenstand, der dann nur noch — halb ironisch schon — mit Architektur verkleidet, maskiert wird. Architektur als ein Plakat, das Information gibt über den ursprünglich architektonischen Charakter des Gegenstandes. Gottfried Semper (1803 -1879), der große Architekturtheoretiker jener Zeit, sagt ausdrücklich im Hinblick auf das Bauen: Ich meine, das Bekleiden und Maskirn sei so alt wie die menschliche Civilisation und die Freude an beidem sei mit der Freude an demjenigen Thun, was die Menschen zu Bildnern, Malern, Architekten, Dichtern, Dramatikern, kurz zu Künstlern macht identisch. Jedes Kunstschaffen einerseits, jeder Kunstgenuß andererseits, setzt eine gewisse Faschingslaune voraus, um mich modern auszudrücken — der Karnevalskerzendunst ist die wahre Atmosphäre der Kunst. Vernichtung der Realität, des Stofflichen ist notwendig, wo die Form als bedeutungsvolles Symbol (...) hervortreten soll. (16, Bd. 1, S. 216f.) Der Karneval ist das große Fest des Eklektizismus. Jeder will etwas bedeuten, nichts sein. Nachdem die Zünfte als Träger des Gewerbefleißes ausgeschaltet sind, will man wenigstens in Narrenzünften Zunftherr spielen, die große Vergangenheit symbolisch erhalten.
So das Bauen. Nachdem die Zeit des Zwangsmittels Architektur zu Ende gegangen ist, will man mit den Fassaden der modernen Häuser wenigstens noch Architektur spielen, die, wie Semper treffend sagt, Form als bedeutungsvolles Symbol schaffen.

Bedeutungsvolles Symbol! Das verweist auf Semiotik, auf eine Baukunst, die sich als Informationsmedium versteht. Und wenn später die Meisterdenker des Jugendstils, denen für Karnevalslaune offenbar das Verständnis fehlt, den Eklektizismus als Stilmaskerade verhöhnen, dann geht das völlig ins Leere, denn es soll ja Stilmaskerade sein. Aber Leute wie Henry van de Velde (1863–1957) wollen nur das gelten lassen, was sie mit ihrem Tiefsinn verbrämen können:
Meine Generation hat zu Beginn ihres Mannesalters den Druck empfunden, unter Menschen von getrübter Intelligenz leben zu müssen, die mit den organischen Elementen der Architektur nur spielten, wie Kinder mit Bauklötzen, die Säulen und Bögen, Giebel und Gesimse aufeinandersetzten ohne irgendwelchen Sinn und Grund und ohne Konsequenzen. (17, S. 10)
Dem setzt er sein Liebesbekenntnis entgegen:

ICH LIEBE DIE MÖBEL, die ihre Zweckmäßigkeit und Reinheit der Form bewahrt haben, wie ein einfaches Mädchen die Reinheit seines Körpers bewahrt und seine Schlichtheit der Schminke der Kurtisanen vorzieht (...).

ICH LIEBE DIE GLÄSER, die Gefäße aus Steingut und die aus Bronce, deren Linien gebieterischen und einprägsamen Profilen gleichen und der lebendigen Rundung von Hüften und Brust.

ICH LIEBE DIE SAITENINSTRUMENTE, die sich seit Jahrhunderten bemühen, zu einer vollkommenen Form zu gelangen, um den Klang zu bergen, ähnlich wie die Blumen unablässig vollendetere Gefäße bilden, um ihren Duft aufzubewahren.

ICH LIEBE DIE MASCHINEN. Sie sind wie die Geschöpfe einer höheren Inkarnationsstufe. Die Intelligenz hat sie befreit von allen Fesseln, allen Übeln, die dem menschlichen Körper anhaften bei seiner Tätigkeit und seiner Erschöpfung, seinen Begierden und seiner Sättigung. Die Maschinen auf ihren steinernen Sockeln vollführen ihre Tätigkeit wie die Buddhas, die auf ewigem Lotos hocken und sinnen. (...) Sie teilen das Schicksal mit den Helden und Göttern (...), mit den Kriegsschiffen, die Meeresungeheuern gleichen, von den Gestirnen, aus Neugier nach dem verborgenen Leben in der Tiefe, an die Oberfläche gezogen. (17, S. 21ff.)

Das ist wirklich unbeschreiblich komisch! Aber es entdeckt, was der Jugendstil im Grunde ist: der hoffnungslose Versuch, kurz vor dem Sieg der Gegenseite in der industriellen Revolution doch noch eine Wende zugunsten des intellektuellen Bürgertums herbeizuführen. Der Warenfetischismus, wo er nun schon einmal da ist, soll wenigstens etwas Großes, Hehres, ja Heiliges sein. Alles Machen, das Bauen zumal, soll einem Streben nach Vollkommenheit unterworfen sein, das unmittelbar an der Vollkommenheit der Schöpfung zu messen ist.

Am Haus — diese Forderung steht übrigens schon bei Leon Battista Alberti (1404–1472) — darf kein Detail dem Zufall überlassen sein, alles sei so aufeinander bezogen, daß noch die oberste Dachgaube in einem klar definierbaren Verhältnis steht zum untersten Kellerfenster, das eine nicht ohne das andere verstanden werden kann. Jede Unaufmerksamkeit des Werkmeisters, jede spätere Änderung kann so ein Bauwerk nur noch verunstalten. Und in diesem Haus soll das Leben dann ein beständiges schönes Fest sein, bei dem jedes Tun seinen Sinn hat, seine Beziehung zum ganzen Lebensplan.

Aber das alles geht schließlich an den wirklichen Schönheiten des Lebens vorbei, denen die Jugendstilkünstler gar nicht mehr gewachsen sind, an denen sie gelegentlich elend zugrunde gehen, wie Gustav von Aschenbach in Venedig. Denn das Leben ist planlos. Früher oder später zwingt die Realität jeden, sein Haus umzubauen, warum also stolz darauf sein, es so entworfen zu haben, daß man es gar nicht umbauen kann, ohne es für immer kaputt zu machen.

Der Eklektizismus ist eine Erscheinung, die man durch die ganze Baugeschichte beobachten kann. Vitruv ist Eklektizist so gut wie die vorgotischen mittelalterlichen Baumeister mit ihrem Spolienkult. Die Idee, daß der architektonische Formenschatz nicht um seiner selbst willen angewendet, die menschliche Umwelt nicht einfach mit Architektur qua Architektur vollgestellt werden soll, sondern daß die Formen dazu verwendet werden können, das Wesen des Bauwerks intelligibel zu machen, liegt nahe, hat man erst einmal erkannt, daß diesen Formen im Lauf ihrer Geschichte ein semantischer Gehalt zugewachsen ist, der es möglich macht, sich mit ihnen verständlich auszudrücken. Stil redet, und Stilgeschichte ist deshalb immer auch zu einem gewissen Teil Sprachgeschichte. Es fehlt heute nicht an der Würdigung einzelner hervorragender Bauwerke des 19. Jahrhunderts, aber selten widmet sich jemand der eklektizistischen Massenware. Das meiste von dem, was damals gebaut wurde, nimmt der Historiker (mit Recht) nicht ernst. Aber gerade der Umstand, daß man es nicht ernst nehmen kann, ist die beste Voraussetzung dafür, es zum Gegenstand seiner Wahl zu machen. Denn was wir nicht ernst nehmen, das werden wir auch nicht überschätzen, demgegenüber sind wir nicht blind. Gaston Bachelard:

> Die Vorstellung liegt nahe, daß wir uns für objektiv halten, wenn wir über einen Gegenstand reden. In Wirklichkeit bestimmt der Gegenstand uns durch unsere Vorentscheidung mehr, als wir ihn bestimmen, und was wir für unsere Grundgedanken über die Welt halten, sind oft nur vertraute Mitteilungen über die Jugend unseres Geistes, (...) denn das Wort, das da dient zu singen und zu verführen, trifft sich selten mit dem Gedanken. Das objektive Denken muß sich fernhalten von Bewunderung, muß ironisieren. (1, S. 9)

Und deshalb erweisen sich die eklektizistischen Bauten von vor hundert Jahren als die eigentlich modernen. Denn, wenn man für die Denkmalpflege ein Ideal der Werktreue voraussetzt, dann läßt sich heute mit Jugendstilvillen nicht mehr viel anfangen — das weltfremde Jugendstilleben wird ja niemand mehr führen wollen. Der Denkmalpfleger muß den Begriff der Werktreue ironisieren, wenn er will, daß wir das, was er erhält,

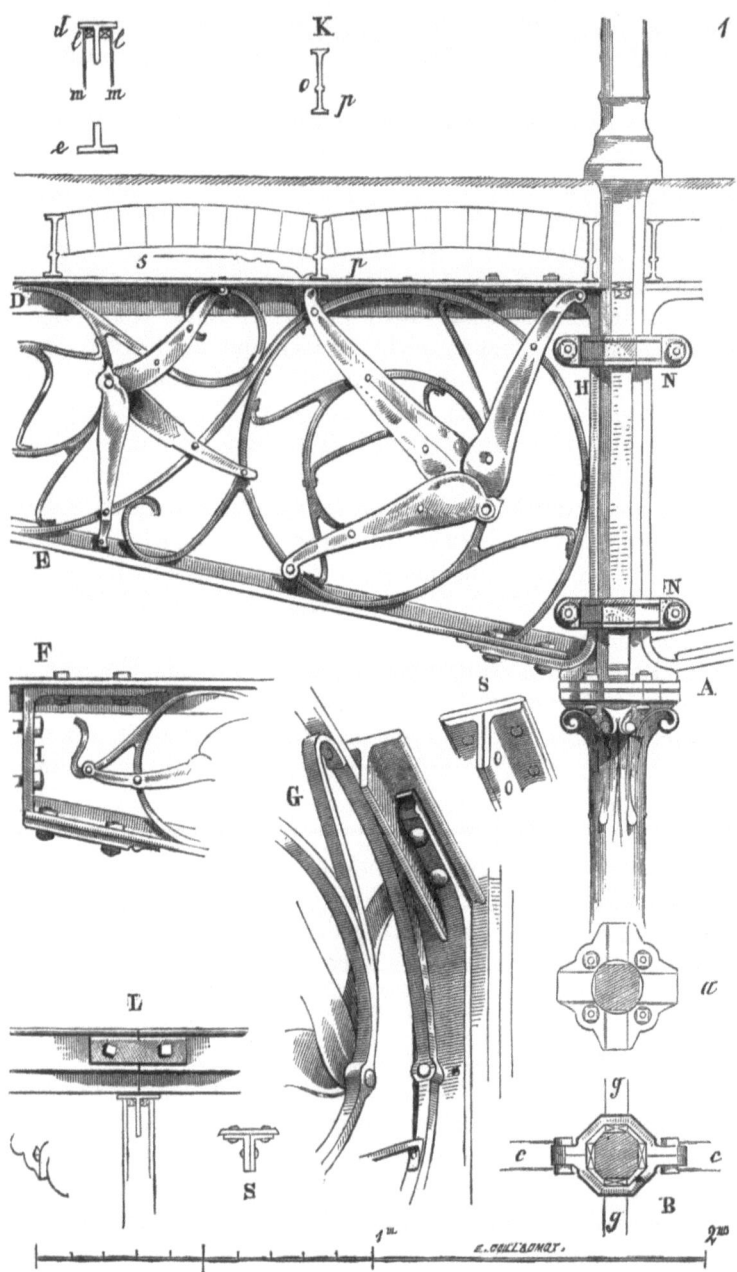

für unsere Zwecke nutzen können. Dazu aber eignen sich die eklektizistischen Bauten mit ihrer konsequenten Trennung von Leistungsform und Repräsentationsform ganz ausgezeichnet. Sie lassen sich hinter der Fassade nach Bedarf modernisieren, ohne daß man den Absichten ihrer Erbauer, die ja nichts anderes wollten als ein modernes Haus, zuwiderhandelt. Und selbst die konservierten Fassaden haben noch einen Sinn: der moderne Städter ist auf der ständigen Suche nach einer verlorenen Urbanität. Eine — durchaus ironisch praktizierte — Nostalgie soll ihm helfen, die Geborgenheit und Ordnung wieder zu finden, von denen er glaubt, daß es sie in den alten Städten gegeben hat. Das ist, wenn man so will, unser moderner Historismus.

*

Was Victor Hugo (1802—1885) von der Renaissance sagt, (ich werde noch darauf zurückkommen), daß sie ein Sonnenuntergang gewesen sei, den alle Welt für eine Morgenröte gehalten habe, das trifft vor allem auch für den Jugendstil zu. Scheinbar Aufbruch einer Moderne, ist er im Grunde reaktionär, eine Forderung zur Rückkehr zu den reinen Quellen schöpferischen Tuns, zu einem goldenen Zeitalter des Machens. In Wahrheit ist der neue Stil aber gar kein Bruch mit dem Historismus, sondern vielmehr dessen krönender Abschluß, in allem sein Kind. Nicht nur, weil die Praxis, nach Formenschätzen zu arbeiten, von den kleineren Architekten beibehalten wird — die Verleger, die bisher Vorlagenwerke mit traditioneller Architektur herausbrachten, editieren jetzt ‚Moderne Bauformen' zum Abzeichnen —, sondern auch, weil man diese modernen Bauformen mühelos auf historistische zurückführen kann. Vor allem diejenigen Kunstgewerbler und Architekten, die sich der Neugotik verschrieben hatten, entwickelten aus dem spätgotisch-naturalistischen Ornament wichtige Ansätze. So der Engländer William Morris (1834—1896), der als Sozialreformer auf vermeintliche Tugenden des Mittelalters zurückkommt, vor allem aber der Franzose Eugène Viollet-le-Duc (1814—1879), dessen Einfluß auf die Generation des Jugendstils gar nicht hoch genug eingeschätzt werden kann. Nicht nur in seinen Eisenornamenten nimmt er um 1875 schon den neuen Dekorationsstil vorweg (Abb.3), auch seine Vorschläge für neue Konstruktionsmethoden — von den Zeitgenossen teilweise für undurchführbar gehalten (Abb. 4) — werden später von Architekten wie Hector

◀ 3 Viollet-le-Duc, Guß- und Walzeisenkonstruktion 1872

Guimard (1867–1942), dem Schöpfer des Style Metro, voller Bewunderung und ohne Bedenken einfach kopiert (Abb. 5). Keiner der Jugendstilmeister irgendwo auf der Welt ist denkbar ohne Viollet-le-Duc, jeder besitzt seine Bücher und arbeitet mit ihnen.

In Deutschland, wo die Gotik, weil von den Franzosen und Engländern favorisiert, um diese Zeit etwas suspekt ist, ist der ‚Jugend'stil, also der Stil der Münchner Zeitschrift ‚Jugend', hauptsächlich ein bayrisches Marterl-Rokoko. Der Stil der Gartenstadtbewegung ist kleinbürgerliches Biedermeier, weil man im Biedermeierhaus den letzten Überläufer des mittelalterlichen bürgerlichen Wohnhauses sieht. Es ist interessant, wie sehr sich da chauvinistische Ideen breitmachen; es gibt holländischen, skandinavischen, russischen Jugendstil, überall wird ein historisch-nationales Erbe hochgespielt. Der Deutsche Werkbund, um diese Zeit gegründet, setzt sich auf Betreiben seiner Wortführer zum Ziel, den deutschen Erbfeind auf dem Gebiet des Kunstgewerbes vernichtend zu schlagen. Immerhin, die Ziele sind jetzt klarer, Hugo Häring beschreibt sie:

> (...) vorwärts zur eigengestalt der dinge, zur gebrauchsform, die eine leistungsform, ein organ ist, dem die individuelle wesenheit eines gegenstandes das thema stellt. Die ersten aktionen dieser kräfte galten der befreiung der gegenstände von den verkleidungen der stiltrachten, die sie erleiden mußten. Das führte zunächst ja dazu, daß man neue stiltrachten für sie erfand (...), die der linie als trägerin freier energien die Hand gaben. Es setzt also bereits im deutschen werkbund eine reinigungskur der formen ein (...), reinigung der gegenstände von den formgewalten der geometrie und von allem, was sich in ihrem gefolge befand. (...) Das zeigt die richtung des neuen zieles der reinen gebrauchsform, wenn auch dieses eigentliche ziel des dwb nicht sofort sichtbar wird. (...) Der entscheidende schritt war mit dieser forderung getan. Der gebrauchsgegenstand wurde dem zugriff einer ihm fremden gestaltmacht entzogen. (9, S. 4)

Häring ist sich über die Funktion der ‚Stiltrachten' als Bedeutungsträger durchaus im Klaren, ja er billigt sie an anderer Stelle für ihre Zeit und für die damit verfolgte Absicht. Was er aber will, ist, im Gegensatz zu den Jugendstilmeistern, die nur das historische Fassadenplakat gegen ein modernistisches auswechseln, die Befreiung des Hauses von jeder Bekleidung überhaupt. Das Haus soll sich so zeigen, wie es wirklich ist. Nicht als das, was es technisch ist, unter der Bekleidung soll nicht die Konstruktion zum Vorschein kommen, das Haus soll überhaupt nicht entkleidet

4 Viollet-le-Duc, Stein-Eisen-Verbundbauweise

5 Victor Guimard, Detail der Balustrade an einem Pariser Schulhaus 1895

werden, sondern es soll von vornherein als das erscheinen, was es *leistet*. Vielleicht werden solche Vorstellungen besser in mittel- und nordeuropäischen Ländern verstanden, wo es ja auch eher zur Gründung von Werkbünden kommt als in den Mittelmeerländern. Hugo Häring hat das gelegentlich gesagt, und es ist sicher nicht richtig, wenn man das heute so deutet, als sei er von der Germanophilie der Nazis angekränkelt gewesen. Denn was er sucht, hat ja wirklich nichts mit der Modernität etwa eines Pier Luigi Nervi zu tun, der seine Bauformen aus Baukonstruktionen entwickelt, oder mit der Arbeit eines Le Corbusier, der die archaischgeometrischen Formen des mediterranen Massivhauses zur ästhetischen Norm erklärt. Häring will das Prinzip Architektur überwinden durch, wie er es nennt, ‚das neue bauen', das die Geometrie als Gestaltmacht verwirft, das Leistungsansprüchen gerecht werden will, und nicht der Bilderwelt der Seele Gleichnisse anbieten. Damit setzt er sich ganz bewußt in Gegensatz zu Le Corbusier, dessen Parole lautet: ‚Vers une architecture!'. Und das muß man doch wohl übersetzen mit ‚*Zurück* zur Architektur!'. Neues Bauen — mit diesem substantivierten Tätigkeitswort will Häring sagen, daß etwas geschieht; daß nicht statische Herrschaftsräume gegliedert sind, sondern daß belebte Umwelt organisiert wird, nicht nur im Raum, sondern auch in der Zeit. Ihm fällt auf, daß mediterrane Sprachen diese Art der Substantivbildung gar nicht kennen, daß in diesen Sprachen Neues Bauen gar nicht gedacht werden kann. Das spielte für ihn

(...) einmal eine sehr aufschlußreiche rolle, als eine internationale gruppe von architekten des neuen bauens die kongresse des neuen bauens gründete. Das war im jahre 1927 in sarraz in der schweiz. Die französische, im internationalen verkehr allgemein übliche fassung hatte kein wort für bauen und so konnte hier nur von einer architecture moderne gesprochen werden. Darin wurde offenbar, daß es im französischen traditionsraum nur um eine erneuerung der architektur ging, während es im germanischen traditionsraum um eine neue stellungnahme zu den fragen der gestaltung, zum bauen schlechthin ging.
In den beiden worten moderne und neu kommt der wesentliche unterschied auch sprachlich zum ausdruck. Es hat das wort neu in bezug auf das bauen die bedeutung eines neuen anfangs, der von einer genetisch begriffenen neuen position unserer geistigen entwicklung gefordert wird. Das französische wort moderne hat keinen bezug zu einer veränderung in der konstitution des ganzen, es meint nur ein renouvellement der äußeren gewandung. (9, S. 3)

Le Corbusier (1887–1965) gehört mit Picasso und Strawinsky zu den drei großen Konservativen des 20. Jahrhunderts, die offenbar nicht zufällig in Frankreich ihren besten Nährboden finden, wo keiner von ihnen geboren ist. Aber unbeschadet ihrer Herkunft sind sie im Wesen mediterrane Künstler, sie haben den großen Schnauf, wahrhaft Schönes zu machen, aber sie erschöpfen sich auch im Schönen. Wenn Le Corbusier theoretisiert, ist es schwer, ihm auf seinem Weg zu folgen:
> Die großen Probleme der modernen Konstruktionen werden auf der Grundlage der Geometrie verwirklicht werden.
> Baukunst steht jenseits von Nützlichkeitsfragen.
> Die Durchbildung der Form ist frei von jedem Zwang.
> Es handelt sich dabei nicht (...) um konstruktive Verfahren noch um Anpassung an die Bedürfnisse des Gebrauchs.
> Die Durchbildung der Form ist eine reine Schöpfung des Geistes, sie ruft den gestaltenden Künstler auf den Plan. (3, S. 57f.)

Man glaubt zu verstehen: Für Le Corbusier ist das Haus ein freies Kunstwerk, gewissermaßen eine bewohnbare Skulptur. Weit gefehlt:
> Das Haus ist eine Wohnmaschine. (3, S. 58)

Nichts hat die Gemüter mehr bewegt, zu mehr Mißverständnissen geführt als dieser Begriff: Wohnmaschine. Vor allem bei denen, die, beeinflußt durch die Werkbundpropaganda, hier etwas zu sehen glauben, das den Vorstellungen vom Neuen Bauen entspricht. Die Wohnmaschine, das Gebaute, das dem Prozeß des Wohnens funktional entgegenkommt. Wie eben eine Maschine, die zu dem Zweck funktioniert, zu dem man sie gebaut hat. Das Haus als Gegenteil von Architektur.

Das kann Le Corbusiers Sache nicht sein. Die Maschine ist ihm nicht das Gerät, das sich der Mensch erschafft, um es für sich arbeiten zu lassen. Nein, genau wie Henry van de Velde, der sie dem Buddha gleichstellt, verehrt Le Corbusier in der Maschine einen Mythos des zwanzigsten Jahrhunderts. In thesenhaften Sätzen formuliert er mit der Wortgewalt eines Propheten das Glaubensbekenntnis einer industriellen Theosophie, der die Maschine Allerheiligstes ist, dem Menschen unmittelbar von Gott gegeben. Die Gestalt der Maschine ergibt sich nicht daraus, daß man an sie einen Leistungsanspruch stellt, sondern
> Die Maschine geht hervor aus der Geometrie.
> Die Geometrie ist die Grundlage.
> Sie ist zugleich der materielle Träger der Symbole, die die Vollkommenheit, das Göttliche bezeichnen. (3, S. 84f.)

Die Wohnmaschine ist das Haus, das gut ist, weil es im Maschinenzeitalter

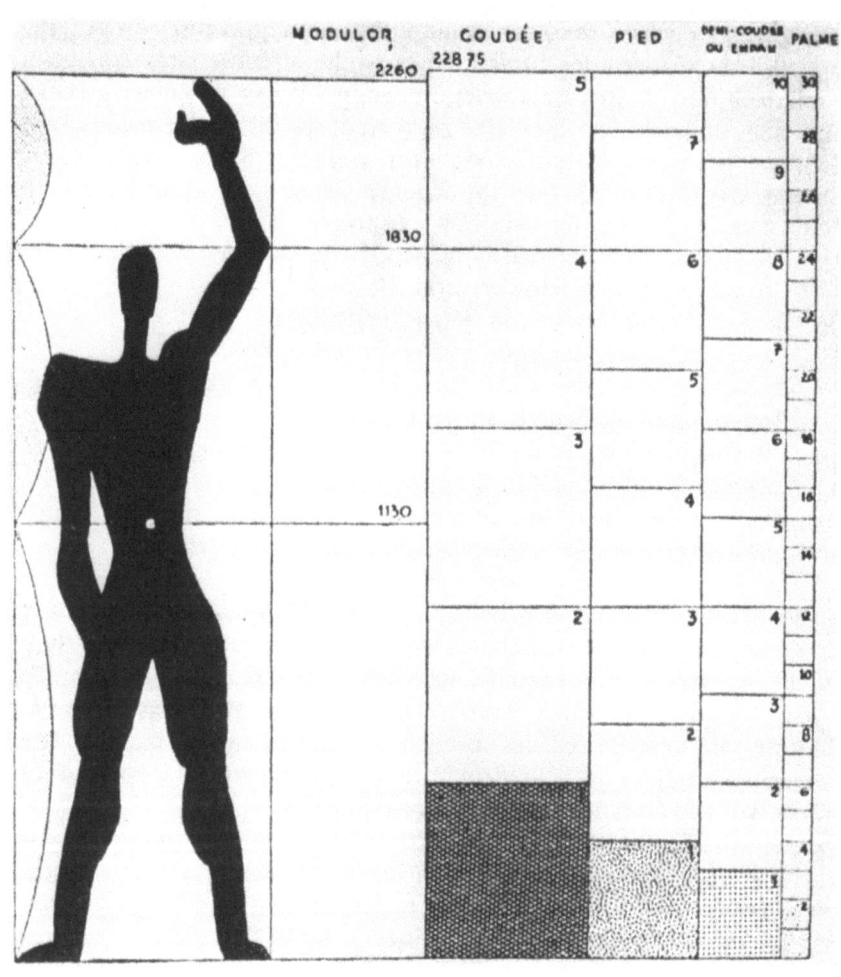

6 Le Corbusier, Der Mensch und seine Maßsysteme

gebaut ist, das Haus, das der Maschine gleicht, nicht weil es gut funktioniert, sondern weil es formal-geometrisch aussieht wie eine Maschine. Vielleicht auch, das will ich Le Corbusier noch zugestehen, weil es irgendwie unter Benutzung von Maschinen gebaut wurde, sogar gelegentlich in Serienproduktion hergestellt. Aber selbst wenn es so ist, dann ist es immer noch, als sagte man, das Buch sei eine Lesemaschine, und Le Corbusier hätte das womöglich auch gesagt.

Ein Baukörper wird von der Außenhaut umhüllt, einer Außenhaut, die sich den formbestimmenden und formerzeugenden Elementen des Baukörpers entsprechend gliedert und die Individualität dieser Baukörper festlegt (...).
Die Architekten haben heutzutage Angst, die Außenhaut dem Gesetz der Geometrie zu unterwerfen. (3, S. 56f.)

Wer sich so ausschließlich auf die Geometrie bezieht, der braucht, wie jeder klassische Architekt, einen Kanon. Le Corbusier macht ihn sich selbst, und er kann für ihn nichts anderes sein als eine Klaviatur der erlaubten Längenmaße. Er stellt sich zwei aufeinander bezogene Maßreihen vor, Reihen die in einer Art Goldenem Schnitt geteilt sind und auf den Menschen — jedenfalls dessen Längenmaße — bezogen. Und weil sie außerdem das Metersystem mit dem angelsächsischen versöhnen sollen, nimmt er als Ausgangsgröße den Polizisten im englischen Kriminalroman an, sechs Fuß hoch oder praktikable 1828 Millimeter. (Abb. 6)

Beim Entwerfen darf man dann nur noch solche Maße verwenden, die in diesen, vom Erfinder ‚Modulor' genannten Reihen vorkommen: 430, 700, 1131, 1828, 2959 oder 533, 836, 1397, 2260 und 3657 Millimeter. Le Corbusier erscheint der Modulor so einleuchtend, daß er bei einem befreundeten Astronomen nachfrägt, ob nicht etwa sogar das Sonnensystem danach geordnet sei, daß aber in diesem, auf den Mensch bezogenen Maßsystem keine vernünftigen Größen für so elementare Dinge wie Tür oder Bett enthalten sind, stört ihn gar nicht.

Le Corbusiers Architektur ist eine Art Maschinenbau, bei dem es überhaupt nicht darauf ankommt, daß das Gerät etwas leistet, wenn es nur gut aussieht. Die Modernität seiner Bauten ist von der Art der Modernität nutzloser Maschinen, die dem Kaufinteressenten durch eine geschickte Formgebung suggerieren, sie seien das Neueste und Beste auf dem Markt, die von ihren Gestaltern als Produkte einer Science-Fiction-Welt dargestellt werden, in der wir uns zu unserm größten Erstaunen schon heute befinden. Solche Formgebung setzt in hohem Maße Faschingslaune voraus, ist dort am besten, wo sie ironisch verfremdet ist.

Le Corbusiers Bauten sind deshalb groß und zukunftsweisend, weil ihre Formgebung den Eindruck verbreitet, daß sie groß und zukunftsweisend sind. Nur wer die Ironie dieses Zustandes akzeptiert, kann ihn ertragen. Es spricht für Hugo Häring, daß er es konnte.

Wenn Le Corbusier in den fünfziger Jahren Chandigarh baut, die indische Provinzhauptstadt, tritt er dort auf als der segensreiche Entwicklungshelfer, der Weiße, der Europäer, Genie einer überlegenen Rasse, das den Asiaten eine höherstehende Kultur bringt. Es ist ja nicht indische Architektur, auf die sich der Meister da bezieht, nicht einmal ein auf die örtlichen Verhältnisse zugeschnittenes Neues Bauen. Chandigarh ist durch und durch europäisch, mehr noch, mediterran. Weil eben das Mittelmeer die Wiege aller Kultur ist. Und wenn Europa den Entwicklungsländern etwas geben will, das diese wirklich brauchen, dann darf es sie nicht mit bunten Glasperlen abspeisen, sondern muß ihnen das Größte bringen, das es hat: den Kanon der geometrischen Form. Den Modulor!

Nur, so wie im Maschinenbau Formgebung sinnlos ist, wenn sie sich nicht auf ein funktionierendes Gerät bezieht, so sollte auch hinter den Formen der geometrischen Architektur ein funktionierendes Haus stehen. Semper:
> Das Maskirn aber hilft nichts, wo hinter der Maske die Sache unrichtig ist oder die Maske nichts taugt; damit der Stoff, der unentbehrliche, in dem gemeinten Sinne vollständig in dem Kunstgebilde vernichtet sei, ist doch vor allem dessen vollständige Bemeisterung vorher notwendig. (16, Bd. 1, S. 217)

Als die Wallfahrtskirche von Ronchamp geweiht wird, einer jener modernen Bauten, hinter deren Maske sich gar nichts verbirgt, nicht einmal eine saubere Ingenieurkonstruktion, da schmeichelt der Bischof dem Architekten: ‚Vous avez bâti, monsieur, pour Dieu et Notre Dame?'. Wie wahr: für Götter und Tote, die keine Leistungsansprüche stellen. Ronchamp ist nicht umsonst Le Corbusiers größtes Werk. (Abb. 7)

Dieser Mann ist ein Anachronismus. Im Zeitalter des Neuen Bauens war er der letzte der Architekten. Er hat das formale Gesicht seiner Zeit sicher mehr beeinflußt als irgendein anderer, mehr vor allem als Hugo Häring, der kaum Gebautes, aber viel Verwirrung hinterließ. Was Le Corbusier gebaut hat, ist, richtig verstanden, ein in die Zukunft projizierter Historismus. Die Nostalgie der Science Fiction.

Dafür gibt es nach seinem Tod keinen Nachfolger, er hinterläßt nicht einmal eine Lücke. Denn so wie Goya letztlich moderner ist als Picasso, Liszt moderner als Strawinsky, so ist eben auch Gottfried Semper allemal noch moderner als Le Corbusier.

7 Le Corbusier, Notre Dame du Haut bei Ronchamp 1954

8 Semper, Fassade des Zürcher Polytechnikums 1864

Erster Teil

*Es wird sich herausstellen,
daß es keine ‚neutralen' Gegenstände gibt,
die in jedem Stil dargestellt werden könnten
und mit deren Hilfe
man über die objektive Gültigkeit
eines Stils entscheiden könnte.*

Paul Feyerabend

Thesen und Gegenthesen

Um 1800 ist die Baukunst klassizistisch. Klassizismus beherrscht so gut Europa wie seine überseeischen Provinzen. Klassizismus ist für alle da, für Kaiser und Könige, Unabhängigkeitskämpfer und Negersklaven. Ein kosmopolitischer Stil.
Wo sich dagegen regionale Strömungen Geltung verschaffen, da hält man von der Architektur der alten Griechen nicht viel. Das Regionale schöpft aus den Quellen vermeintlicher Volkskunst, aus Märchen, Sagen und Liedern, die im Mittelalter entstanden sein sollen, zu einer Zeit, als das Volk offenbar noch stark und groß war und seinen eigenen Stil hatte. Und so, wie die Vielfalt der antiken Formen in dem einen faden Klassizismus zusammengefaßt werden, so wird die Vielfalt mittelalterlicher Formen auf eine einzige Formensprache reduziert: die Neugotik.
Mit Gothic Revival setzt sich der landständige englische Adel vom zentralistischen Palladian der Bank of England ab, Médiéval ist der Stil, den die Republikaner der französischen Provinzen dem von den Generalpächtern favorisierten Style Classique entgegenstellen, und im Deutschland der Befreiungskriege suchen junge Architekten mit neugotischen Dekorationen dem Empire Napoleons paroli zu bieten. Symbol für Nationales und Regionales ist die Neugotik bis heute geblieben. Der Beschluß, in Barcelona eine der Sagrada Familia geweihte neugotische Kathedrale zu bauen, ist eine Frucht des katalanischen Regionalismus, und es ist

interessant, wie Antony Gaudi (1852–1926) seinen Jugendstil dieser Neugotik unterordnet. Und noch nach dem Zweiten Weltkrieg bauen die Polen Danzig einen neuen mittelalterlichen Stadtkern, um zu beweisen, daß es polnisch ist.

Nun sind allerdings Wert und Größe dieser Neugotik nicht unbestritten. Den Liberalen des Vormärz gilt sie als Stil der Heiligen Allianz und der Karlsbader Beschlüsse, als Stil der Restauration. Restauration in jeder Hinsicht, politisch sowieso, aber auch in der Baupraxis ist die Hauptbeschäftigung der Gotizisten das Restaurieren mittelalterlicher Bauwerke und Stadtbilder. Eugène Viollet-le-Duc, der beste Kenner gotischer Baukunst, erwirbt sich sein Wissen bei der Wiederherstellung französischer Kathedralen und Stadtmauern, die die Revolution gerade als Zeugnisse der Zwingherrschaft geschleift hatte. Dazu Gottfried Semper * :
Dieser geschichtliche Hergang zeigt uns die neugothische Richtung ihrer Entstehung und ihrem Wesen nach *restauratorisch*. (...) Diese Neugothen stehen mit einer sehr thätigen politisch-religiösen Partei in engster Verbindung, — derselben Partei, die den ausgearteten Jesuitenstil erfand, gegen den sie jetzt zu Felde zieht. Sie ist in Frankreich in dieser Wirksamkeit am thätigsten, wohl wegen des Geschmackseinflusses, den Paris von jeher über andere Länder übte, wobei aber die Unsicherheit und Beweglichkeit dieses Pariser Stützpunktes bedenklich erscheint. Die Eiferer in jener tendentiösen Künstlerpartei behandeln das nordwestliche und nördliche Europa geradezu wie ein dem Christenthum neu zu eroberndes Heidenland. (...)
Das Absichtsvolle und Studirte, was dieser Richtung anhaftet, das Prinzip der Unfreiheit, das in dem von Priestern und Archäologen entworfenen Programm derselben mit klaren und bestimmten Worten

---

* Die Rivalität zwischen gotischer und antiker Renaissance im 19. Jahrhundert wird von mir im Folgenden vereinfachend auf eine Rivalität Viollet-le-Duc gegen Semper reduziert, die es in Wirklichkeit so nicht gegeben hat. Ausgelassen sind in diesem Semper-Zitat beispielsweise die Sätze: ‚Aber es bekennen sich zu dieser Schule auch *sehr talentvolle Künstler*, die beinahe sämmtlich erst sich zu ihr bekehrten, nachdem sie vorher auf ganz anderen Richtungen ihre künstlerische Bildung sich erworben und Proben ihres Talents abgelegt haben. Dieses vorzüglich in Frankreich, wo der gothische Baustil von jenen Künstlern auf demjenigen Punkte früherer Entwicklung wieder aufgenommen wird, auf dem er der Weiterbildung noch fähig ist, wogegen man in Deutschland und England den bereits erstarrten Stil befolgt.'

ausgesprochen ist, sind die sichersten Bürgschaften für die Ansichten derer, die ihr die Zukunft absprechen, mögen ihre Leistungen an sich auch wohlverstanden und ihre Pläne gut berechnet sein.
Aus umgekehrten Gründen bleibt immer noch der sogenannten klassischen Schule ein stets neues Wirken in Aussicht, denn die Archäologie kann noch so scharfsinnig spüren, es bleibt immer doch zuletzt dem divinatorischen Künstlersinn alleinig vorbehalten, aus den verstümmelten Überresten der Antike ein Ganzes zu rekonstruiren. Hier bleibt daher die archäologische Kritik hinter jenem im entscheidenden Nachtheil und verliert sie ihre Initiative, dieser Nothwendigkeit des Erfindens aus Mangel an hinreichenden Anhaltspunkten für servile Restitution; diesem unkritischen Verfahren ist es zum Theile zuzuschreiben, daß alle Wiedergeburten der antiken Kunst sofort Neues, und niemals so ganz Schlechtes wie jene neugothischen Gebäude aus dem Anfang dieses Jahrhunderts zu Wege brachten. Sogar die zierliche kleine Renaissance aus der Zeit Ludwigs XVI. und die neueste hellenistische, deren Koryphäe Schinkel ist, waren sofort schöpferisch. (...)
Die Gefahr für die Erhaltung jener Baukunst der Wiedergeburt des Cinquecento, die unübertroffen dasteht, ohne, wie das Gothische, in sich fertig zu sein, keine Seite zu weiterer Entwicklung zu bieten, liegt in der Thatsache, daß sie nur durch wahrhaft künstlerische Hand ausführbar ist, aber durch Pfuscherei, die heutzutage verlangt wird, sofort in trivialste Formengemeinheit ausartet. Dagegen bekennt der sogenannte gothische Stil ein Prinzip der Uniformierung im Reichthum, welches den Unterschied des Edlen und Gemeinen weniger auffallen läßt. (16, Bd. 1, S. XVIIf.)
Hier wird, unter dem Vorwand, einen ästhetischen Standpunkt zu vertreten, handfest politisiert. Tatsächlich sind Semper und Viollet-le-Duc nicht nur Vorkämpfer unterschiedlicher Baustile, sondern regelrecht politische Gegner. Viollet-le-Duc ist unerhört französisch und nationalistisch, seine Bücher strotzen vor Verachtung für alles Ausland, und nach 1871 sagt er den Deutschen, sie hätten ja nun ihr Reich, aber eine Architektur würden sie in den nächsten 300 Jahren nicht bekommen. Er baut neugotisch, weil Gotik für ihn der französische Stil schlechthin ist. Und mit dem Nationalen repräsentiert sie auch das Soziale (sozialistische Bewegungen sind ja fast immer national), das Genossenschaftswesen der mittelalterlichen Stadt, die Bauhüttengemeinschaft. Gotik ist ein moderner Stil, weil sie ein Stil der bürgerlichen Solidarität ist.

Semper verachtet das geradezu. Nationalismus, das ist ihm Kleinstaat und Kleinstadt, jene Überschaubarkeit, die Spitzelei bedeutet, wie man es von der mittelalterlichen Stadt her kennt, wo man den Leuten ständig nachspioniert hat, ob sie auch die vom Magistrat vorgeschriebene Nachtmütze tragen. Modern ist Imperialismus, freie Luft, Bewegung, weiter Horizont, Großstadt. Eine ‚kosmopolitische Zukunftsarchitektur' im Renaissancestil will er, die nicht anonymes Bauhütten-Teamwork ist, sondern hinter der die Namen großer Architekten stehen.

Denn Renaissance ist die Kunst des genialen Einzelgängers, dessen Ruhm die Grenzen überschreitet, der an den Höfen herumgereicht wird. Semper ist so ein kosmopolitischer Kraftmensch, immer unterwegs, immer auf der Flucht vor reaktionären und nationalistischen Gewalten; schon als Kind muß man ihn aus seiner Vaterstadt Hamburg fortbringen, weil er einem französischen Besatzungsoffizier die Mütze ins Gesicht geworfen hat. Als Student flieht er wegen eines tödlichen Duells nach Paris, dann Reisen nach Italien, als Professor in Dresden nimmt er 1849 am Aufstand teil und muß über Umwege nach England fliehen, dann wieder Professor in Zürich, Stadterweiterung in Wien, gestorben und begraben in Rom.

Dieses Leben gilt einer Baukunst, die den technischen und gesellschaftlichen Entwicklungen des Jahrhunderts gerecht werden soll, die nicht nur die Architektur der Bahnhöfe und Hafenanlagen, der Postämter, Markthallen und Warenhäuser, der Theater, Festsäle und Foren ist, sondern vor allem auch die Architektur der endlosen Straßenzüge, an denen die Wohnhäuser der modernen Großstädter stehen.

Industrie, Fernverkehr, Großstadt-Wohnquartiere, mit allen diesen Bauproblemen haben sich schon die Römer der Kaiserzeit herumgeschlagen. Bei ihnen findet man Vorbilder: Theater, Arenen, Thermen, Arsenale, Paläste, Mietskasernen. Das kanonische Maß der klassischen Architektur, das durch den griechischen Tempel gegeben ist, wird hier gesprengt. Und so reicht auch der Kanon der Tempelarchitektur, diese wunderbare Einheit von konstruktiver und dekorativer Form, nicht mehr hin, Baukunst zu machen. Die elementare Aufgabe, Räume zu schaffen und zu umschließen, wird von einem rein sachbezogenen, schmucklosen, aber sehr stabilen Wand- und Gewölbemauerwerk erfüllt, von vielen römischen Bauten das einzige, was auf unsere Zeit überkommen ist. Diese kahlen Mauern werden dann, zur Befriedigung der ästhetischen und intellektuellen Bedürfnisse ihrer Benutzer, mit formalistischer Blendarchitektur inkrustiert. (Abb. 9) So, als zöge man dem Haus ein Kleid an, das seiner gesellschaftlichen Stellung entspricht.

Aufgabe dieser neuen Architektur ist also Repräsentation. Der Charakter der spätrömischen Stadt, ihre Urbanität, ist eine repräsentative Urbanität. Das ist nicht selbstverständlich. Für die mittelalterliche Kleinstadt trifft es nicht zu. Deren Urbanität ist funktionalistisch, führt Baustil auf Konstruktionsformen zurück und ist deshalb kein Vorbild für die Großstadt des 19. Jahrhunderts, die notwendigerweise Repräsentationsstadt sein muß. Hans Paul Bahrdt (geb.1918), ein deutscher Soziologe, hat Überlegungen zu Problemen des heutigen Städtebaus angestellt, die urbanes Verhalten erkennen als Repräsentation des Privaten in der Öffentlichkeit, und zeigt, wie sich dieses Verhalten im Städtebau widerspiegelt:

Unsere These lautet: Eine Stadt ist eine Ansiedlung, in der das gesamte, also auch das alltägliche Leben die Tendenz zeigt, sich zu polarisieren, d.h. entweder im sozialen Aggregatzustand der Öffentlichkeit oder in dem der Privatheit stattzufinden. Es bildet sich eine öffentliche und eine private Sphäre, die in engem Wechselverhältnis stehen, ohne daß die Polarität verloren geht. (...)
Vergegenwärtigen wir uns (...) typische Situationen städtischen Lebens. Der einzelne begegnet kurzfristig vielen unbekannten oder wenig bekannten Menschen. Oder aber es ist fraglich, ob sich unter den Unbekannten nicht einzelne befinden, denen man schon einmal begegnet ist. Es genügt nicht, mit dem andern nur technisch ‚zurechtzukommen'. Man will, so flüchtig der Kontakt immer ist, als etwas gelten. Dies ist schon für die technische Abwicklung der Kontakte notwendig. Wer beachtet werden will, muß geachtet werden. Nun begegnet aber der einzelne dem andern nur als abstrakt bleibender Träger eines zufälligen Verhaltens und einer zufälligen Erscheinung. Er muß also versuchen, in den winzigen Ausschnitt, der von seiner Person sichtbar wird, soviel hineinzulegen, daß dieser Ausschnitt die Umrisse einer konkreten Person erkennbar macht. Damit dieser Teil für das Ganze, als ‚pars pro toto', gelten kann, wird er durch darstellende Momente angereichert. (...) Dieses Verhalten bezeichnen wir als Repräsentation. Repräsentation ist eine Form der Selbstdarstellung, in der ein Subjekt sowohl sich selbst als auch ein Gemeinsames, das nicht ohne weiteres sichtbar ist, sichtbar macht und hierdurch Kommunikation und Integration ermöglicht. Seine Voraussetzung ist die Distanz einer unvollständig integrierten Umwelt, ohne die repräsentatives Verhalten unnötig wäre. Allmählich paßt sich nun auch die äußere Gestalt der Städte den Bedürfnissen an, die sich aus der Formel ‚Öffentlichkeit — Privatheit' ergeben. (...)

10 Das Prinzip der Steinmassenarchitektur

◄ 9 Das Prinzip der Repräsentationsarchitektur

Die klare Trennung von öffentlichem und privatem Raum, die in der europäischen Stadt durch die Herausbildung geschlossener, ringartiger Baublöcke erzielt wurde, die jedem Anwohner einen privaten Raum und direkten Zugang zur öffentlichen Straße sichert, ist alles andere als eine Selbstverständlichkeit. In ländlichen Ansiedlungen z.B. gibt es eine solche Trennung in gleicher Klarheit nicht.

Der Baublock schuf zwei Räume, fast könnte man sagen, zwei Welten, die zwar innig aufeinander bezogen, aber deutlich voneinander getrennt existieren: erstens die Welt der öffentlichen Plätze und Straßen, (...) zweitens die Welt der privaten Wohnbauten und ihrer Höfe und Gärten, deren privater Charakter dadurch gesichert war, daß der Zugang zu jeder Zelle auf einem Umweg über die öffentliche Straße erfolgte. (...) Die Wohnräume waren durch die Mauern von der Straße (...) ausreichend geschützt. (...) Die Fassade der Häuser war spätestens seit der Renaissance ‚repräsentativ' gestaltet und hatte damit eine echte soziale Funktion. (2, S. 38 ff.)

Die einem an sich schmucklosen Gebäude zur Straße hin vorgeblendete Repräsentationsfassade, Charakteristikum der Stadtbaukunst des 19. Jahrhunderts, ist also legitimiert, nicht nur durch historische Vorbilder – Rom, Cinquecento –, sondern vor allem dadurch, daß sie für die Urbanität der Stadt eine wirkliche Aufgabe erfüllt. Wir haben keinen Grund, uns heute über diese Fassaden erhaben zu fühlen, während wir gleichzeitig einen Verlust an Urbanität in unseren Städten beklagen. Bahrdt:

Der Baublock, die meist von vier Straßen begrenzte ringartige Bebauung der Außenkante einer Fläche, ist heute – mit Recht – eines der Hauptangriffsziele der Städtebauer. Deren berechtigte Kritik wäre fruchtbarer, d.h. sie ließe sich besser in eine positive Konzeption umwandeln, wenn ihr ein Verständnis des ursprünglichen Sinnes der Blockbebauung zugrunde läge. Es würde dann deutlich, daß der Baublock die Funktion, die er früher einmal erfüllen konnte, unter den heutigen Verhältnissen nicht mehr ausüben kann, daß jedoch die Aufgabe, die er früher löste, nach wie vor gestellt ist. (2, S. 67)

Viollet-le-Duc hat für eine rein repräsentative Architektur kein Verständnis. Was ihn an der spätrömischen Dekorationsbaukunst stört, ist vor allem der Mangel an tektonischer Logik. Nichts an der Form hat irgendwelchen Zusammenhang mit der technischen Struktur des Gebäudes:

Nehmen wir an, die Rotunde des Pantheon in Rom wäre ihrer Innenarchitektur völlig entkleidet, ihres Marmors, ihrer Friese. Daß nicht ein einziges Detail dieser ihr verpaßten Dekoration mehr da sei,

daß man alles verloren hätte, außer der Tradition, und daß man nun mehrere Architekten beauftragte, diese Dekoration wieder anzubringen, so leuchtet ein, daß jeder von ihnen etwas anderes versuchen würde. Nichts an der Struktur verweist auf diese Dekoration, die reine Verkleidung ist. (19, Bd. 2, S. 191)
Die auf die Bauten der Kaiserzeit aufgesetzte Dekoration (.) hat den großen Fehler, diese Gebäude zu verniedlichen, die umgekehrt ihre wirkliche Größe wiedererlangen, wenn ihnen diese Bekleidung abgenommen wird. (19, Bd. 2, S. 185) *
Jedes Gebäude muß zwei Bedingungen erfüllen. Es muß erstens Räume umschließen, in denen Menschen leben können, und es muß andererseits eine stabile Konstruktion haben. Das bedarf keiner Diskussion. Aber was hat Vorrang? Für Semper und alle, die sich auf die Römer berufen, das Schaffen von Räumen. Modern ist für sie das Leben, und moderne Architektur ist eine Architektur, die Leben möglich macht. Modern ist im 19. Jahrhundert aber auch der Geist der Ingenieure, die sich in erster Linie für das Konstruieren interessieren. Viollet-le-Duc ist so ein Ingenieur-Architekt. Für ihn steht das Entwerfen ausgefeilter Konstruktionen und die architektonische Darstellung dessen, was man konstruiert hat, im Vordergrund. Deshalb findet er die spätrömischen Gebäude schöner, wenn sie ihre Dekoration verloren haben, nur noch die reine Konstruktion geblieben ist. (Abb. 10) Das heißt aber nicht, daß ihn dieser Unterbau als Konstruktion befriedigte. Denn er ist seinem Wesen nach stereotomisch, das heißt, seine Stabilität wird durch große Mauermassen erreicht, bei denen die eine Aufgabe, Räume zu umschließen, mit der anderen, Kräfte aufzufangen, zusammenfällt. Diesem stereotomischen Prinzip steht das ursprünglichere tektonische entgegen, bei dem die raumabschließenden Wände keine statische Funktion haben, sondern in ein tragendes Skelett eingehängt sind, dessen technischer Witz darin besteht, daß sich bei sparsamstem Materialaufwand alle auftretenden Kräfte gegenseitig annullieren. Viollet-le-Duc:

---

* Meine Übersetzung bringt die geschraubten französischen Sätze Violett-le-Ducs in ein zeitgemäßes Deutsch. Um ihn aber nicht moderner erscheinen zu lassen als Semper, der ähnlich altväterlich schreibt, den ich aber im Original zitieren muß, habe ich dessen Texte durch gelegentliche Auslassung toter Füllwörter stark gerafft, die sich zuweilen aber so dicht folgen, daß ich sie dann im Interesse der Lesbarkeit nicht mehr kenntlich gemacht habe. Meine Leser mögen mir dieses unseriöse Verhalten verzeihen.

> Es gibt prinzipiell nur zwei Strukturen, die passive, unbewegliche Struktur und die ausbalancierte Struktur. Mehr als je sind wir gehalten, keine andere anzuwenden als die letztere, sei es aus Gründen der Materialeigenschaften, sei es aus Gründen der Ökonomie, die jeden Tag wichtiger wird. Die Meister des Mittelalters haben uns den Weg gewiesen, es kann kein Zweifel daran bestehen, daß das der Fortschritt ist, dem wir zu folgen haben. (19, Bd. 2, S. 57)

Je größer der Einfluß der Ingenieure in der Architektur wird, desto sicherer entdeckt man die Qualitäten der gotischen, tektonisch gedachten Bauformen mit ihren Pfeilern und Strebepfeilern, Bauformen von zwingender Logik und äußerster Ökonomie, an denen gemessen das römische Prinzip, Kräfte sich einfach in Massen totlaufen zu lassen, grenzenlos primitiv wirkt.

Nun sind, Mitte des 19. Jahrhunderts, Skelettbauten mit sichtbar gemachter Konstruktion, vor allem in England, aber auch zunehmend in Frankreich, durchaus üblich. Die Ingenieure, die sie errichten, finden die rein technische Form an sich schon schön und verzichten auf Architektur oder Dekoration. Warum also Gotik? Nun, für Viollet-le-Duc bleibt Architektur das oberste Prinzip, eine sentimentale Kategorie, die man nicht ungestraft abschreiben kann:

> Man improvisiert keine Kunst. Eine Kunstdoktrin ist die Konsequenz einer langen Tradition, weitergegeben von Jahrhundert zu Jahrhundert. Um Künstler zu bilden, ist es notwendig, sie in ein ansteckendes Milieu zu versetzen, um es einmal so zu sagen. Der Beweis dafür sind jene übergewandten Künstler, die Frankreich eine zeitlang verlassen und dann wieder zurückkehren. Was sie nach diesem Exil produzieren, hat jeden Charme, jeden Geschmack verloren. (19, Bd. 2, S. 390)

Da ist sie wieder, die nationale mittelalterliche Kunst, und es will fast so scheinen, als ob der Intellekt des Ingenieurs, den wir doch für nüchtern und weltoffen halten, irgendwo nationalistische Züge hat. Wie ja auch der Deutsche Werkbund, gegründet im Hinblick auf das moderne Ingenieurwesen, vor allem anderem deutsch sein will.

Die Gotik ist aber nicht nur ein nationaler, sondern auch ein demokratischer — vielleicht sogar ein sozialistischer — Stil, das Sozialistische und das Nationale stehen ja eng zusammen. Und darin liegt eine gewisse Tragik für Viollet-le-Duc. Semper hat zwar einmal gegen seinen König rebelliert, doch nur um einer größeren Idee willen, der des Reiches, zu dem der Fürst seine Zustimmung nicht geben wollte, aber in Wahrheit hat er immer in dem politischen Milieu gelebt, das einer Arbeit gemäß war, dem der

Monarchie. Viollet-le-Duc durfte die ihm gemäße Republik nur in seinen acht letzten Jahren erleben. Und obwohl er republikanische Gesinnung unter seinen Mitarbeitern immer duldete, sogar dann, wenn sie sich in architektonischen Frechheiten äußerte — bekannt sind die gotischen Engel mit den trikoloren Flügeln in Schloß Roquetaillade —, so hatte er selbst sich mit dem Hof zu arrangieren. Von Napoleon III., der allerdings nur nominell Kaiser war, einem Nationalstaat vorstand, war Violett-le-Duc als Fachberater für sein archäologisches Interesse geschätzt, er mußte aber auch in Compiegne eine ihm fremde Rolle als Maitre de Plaisir spielen, die ihn in ein völlig falsches Licht gerückt hat. Er hat es mit Gleichmut ertragen, weil für ihn das politische System nicht so wichtig war, solange es ein national französisches System war. Denn seine Gotik ist das Französische schlechthin. Und zwar nicht das Französische in mittelalterlichen Grenzen gedacht, sondern in denen seiner eigenen Zeit.

Mit der Gotik wird die wahre Ausdehnung und der wahre Einfluß Frankreichs in Europa sichtbar. Die Romanik ist noch durch und durch kleinräumig. Es gibt eine auvergnatische Romanik, eine provençalische, eine bretonische, eine rheinische Romanik. Mit der Gotik entfallen diese Unterschiede. Von der Ile de France bis zum Atlantik, zum Mittelmeer und bis an den Rhein siegt die einheitliche französische Gotik, deren Auswirkungen man, wie sich Viollet-le-Duc einredet, bis nach Sizilien und Arabien verfolgen kann.

Und nicht nur das moderne Frankreich in seiner geographischen Ausdehnung wird in der Gotik sichtbar, sondern auch der heutige säkularisierte Staat:

> Im Frankreich des 12. Jahrhunderts erhoben sich die Städte, der Feudalismus erhält die ersten Schläge, die königliche Macht beginnt aus dem Schwächezustand herauszukommen, in den sie gefallen war. Eine weltliche Schule, vollkommen weltlich, entsteht, sie reagiert von Anfang an gegen den mönchischen Geist, indem sie die Forschung nach neuen Methoden an die Stelle der geheiligten Traditionen setzt. Diese Prinzipien sind nicht mehr gegründet auf der Vervollkommnung der vorgeschriebenen Typisierungen, sondern auf der Wissenschaft, auf der Beobachtung der Gesetze, die in der Konstruktionstechnik bisher nicht bekannt waren. (19, Bd. 1, S. 264/257)

Die Entstehung der Gotik hat ihre Ursache vor allem darin, daß die Wurstelei der klösterlichen Baumeister aufhört und durch die wissenschaftlich fundierte Arbeit der von Technikern geleiteten Bauhütten ersetzt wird. Diese Bauhütten wollen nicht länger eine auf klassische

Autorität bezogene Architektur praktizieren, weil sie ihnen zu unbeweglich ist, den Erfordernissen des modernen Baubetriebs nicht angepaßt. Nicht nur, daß sie die Form des Gebäudes an seinem Zweck orientieren, sie schaffen sich auch einen Stil, der den anonymen Entwurf möglich macht, das Arbeiten mehrerer Baumeister an einem Werk, gleichzeitig oder nacheinander. Einen Stil auch, der so flexibel ist, daß er es erlaubt, die Konstruktion den Unregelmäßigkeiten des neuen Baubetriebs anzupassen. Den Mönchen machte es ja nichts aus, in ihrem verlassenen Talgrund schwerfällige Gebäude nach irgendeinem antiken Kanon zu errichten, die aus einem Guß waren und in einem Zug gebaut werden mußten. Jetzt aber braucht man ein System, das es erlaubt, im beengten Raum der Städte zu bauen, auf weltlichem Boden, gegebenenfalls in Etappen. Denn in der säkularisierten Baukunst spielen auch solche Fragen wie Finanzierung und Klärung der Eigentumsverhältnisse an Grund und Boden eine Rolle. Die Mittel können ausgehen, man hat bei der Lieferung von Baumaterial Schwierigkeiten, oder man will mit dem Bau beginnen, obwohl das ganze Terrain noch nicht von Altbauten geräumt werden konnte. Ja, man ist gelegentlich auch gezwungen, den Bau einer Kathedrale für immer einzustellen und muß auch in diesem Fall aus dem bereits Gebauten ein brauchbares Gotteshaus improvisieren können.
Das sind Probleme, die im 12. Jahrhundert so aktuell wie im 19. sind. Die Bauhütten sind mit ihnen fertig geworden. Und auch Violett-le-Ducs Erfolge als Denkmalpfleger, oder die mit nicht minder nationaler Begeisterung getragenen Dombauvereine in Deutschland, sind nur denkbar, weil es um gotische Bauwerke gegangen ist, die so konzipiert waren, daß man den Bauprozeß noch nach Jahrhunderten wieder da aufnehmen konnte, wo man seinerzeit aufgehört hatte. Der Versuch, das Heidelberger Renaissanceschloß wieder aufzubauen, gilt als mißlungen und wurde nie weiterverfolgt.

*

Zwischen 1854 und 1869 bringt Viollet-le Duc einen zehnbändigen ‚Dictionnaire raisonné de l'architecture francaise du XIe au XVIe siècle' heraus.
Unnötig zu sagen, daß Orts- und Zeitangabe im Titel nur Synonyme sind für ein und dasselbe: Gotik. Und zwar für die Gotik überall und zu jeder Zeit. Man findet im ‚Dictionnaire' ebensogut den Munot, diese auf Vorschläge von Albrecht Dürer (1471–1528) zurückgehende Befestigungsanlage in Schaffhausen, wie die fotogenen Chimärenfiguren auf der Turm-

balustrade von Notre Dame de Paris, die Viollet-le-Duc 1845 selbst entworfen hat. (Abb. 11)

Denn, im Gegensatz zu Semper, der Gotik für etwas Vollendetes, Abgeschlossenes und Neugotik für unschöpferische Kopie hält, ist Viollet-le-Duc der Ansicht, jedes Jahrhundert sei aufgerufen, seine spezifische Gotik zu entwickeln, gemäß seinem ästhetischen und technologischen Standort. Jedes Jahrhundert! Denn tatsächlich ist die Gotik ja zu keiner Zeit ganz tot, auch dann nicht, wenn die Renaissance der antiken Stile Triumphe feiert. Sogar von Andrea Palladio (1508–1580), dem wohl am meisten klassizistischen Baumeister der Renaissance, besitzen wir einen Brief, in dem er den Bauvorstehern von San Petronio in Bologna rät, die seinerzeit liegengebliebene Kirche im gotischen Stil, in dem sie 1390 begonnen worden war, zu vollenden, nicht ohne darauf hinzuweisen, daß dieser Stil recht eigentlich italienisch sei.

Wenn man überhaupt unterscheiden kann zwischen einer Nachgotik im 16., 17. und 18. Jahrhundert und einer Neugotik im 19. Jahrhundert, dann nicht auf Grund einer zeitlichen Zäsur, einer Pause, in der die gotische Baukunst vergessen gewesen wäre, sondern nur auf Grund der veränderten Vorstellungen über das, was gotisches Bauen leistet. Solange nämlich die klassische Repräsentationsarchitektur das Ideal ist, wird Gotisches wie alles andere dazu gebraucht, repräsentative Bekleidungsdekoration zu machen. Noch der 1795–1807 von dem Engländer William Beckford errichtete neugotische Landsitz in Fonthill stürzt 1825 teilweise wieder ein, weil der Architekt James Wyatt (1748–1813) den Stil eben nur dekorativ und nicht statisch verstanden hat. Erst als die Ingenieure die führende Rolle in der Baukunst übernehmen, entsteht eine wirklich entwicklungsfähige Neugotik, deren Formenschatz ebensogut dekorativ wie konstruktiv verstanden wird.

Viollet-le-Ducs ‚Dictionnaire' ist nicht das baugeschichtliche Nachschlagewerk, als das es heute in den Fachbibliotheken verstaubt, kein Register erhaltener oder verlorener Kunstdenkmäler. Es ist eine Baukonstruktionslehre, ein Buch der Entwurfspraxis, das beim Architekten auf dem Reißbrett liegen soll. Deshalb ist es nur selbstverständlich, daß es auch brauchbare Beispiele aus der Neugotik enthält.

Um eine gotische Balustrade zu bauen, muß man nicht nur über die dekorative Form dieses Bauelements Bescheid wissen, sondern auch über seine Statik. Genauer gesagt, man muß wissen, daß die dekorative Form das Ergebnis der statischen Konstruktion ist. In dieser Höhe greifen ganz erhebliche Windkräfte an, die von den Baugliedern aufgenommen werden müs-

11 Viollet-le-Duc, Detail der
Balustrade von Notre Dame
1845

sen. Wird die Balustrade aus einzelnen vertikalen und horizontalen Gliedern zusammengesetzt, dann muß man die oben liegenden Steinschichten so schwer wie möglich machen, damit die Stützpfosten durch das aufliegende Gewicht standfest werden. Wird die Balustrade aber, wie das bei Notre Dame der Fall ist, aus monolithischen Feldern zusammengesetzt, dann muß in den Einzelfeldern der Schwerpunkt möglichst tief liegen, damit sie nicht kippen. Das heißt, man muß eine dekorative Form finden, bei der aus einem schweren Sockel ein leichtes Ornament aufsteigt. Für Notre Dame beschreibt der ‚Dictionnaire' das so:

> Ihr Fuß ist stark verbreitert und setzt die Traufschräge des darunterliegenden Kranzgesimses fort, ein darüberstehendes Vierpaß-Ornament in fortlaufender Reihung imitiert keine einzelstehenden Geländerpfosten, sondern läßt klar erkennen, daß es aus einem einzigen Stück herausgehauen ist. Als oberer Abschluß ist ein vorspringendes Geländer angeordnet, eine sparsame Verdickung des Steins, die eine klare Linie beibehält. An den Ecken muß diese Balustrade außerdem verstärkt werden durch Vollsteinpartien, die mit großen Krabben ornamentiert sind und zusätzlich beschwert mit Tierfiguren, die die Monotonie der Geländerlinie durchbrechen. (18, Bd. 2, S. 73 f.)

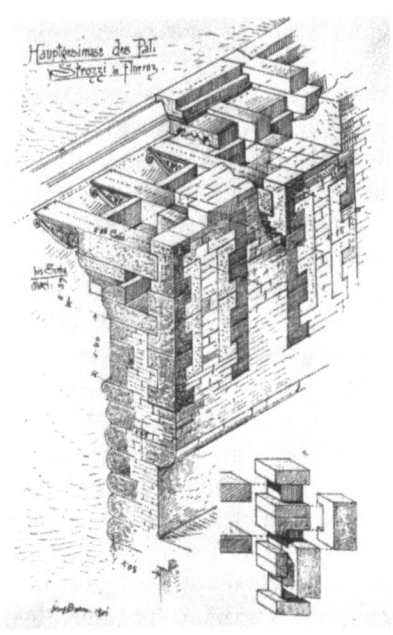

12 Simone del Pollaiuolo, Renaissance-Hauptgesims 1536

Es fällt auf, wie schon in der Sprache dieser Beschreibung die untrennbare Einheit von Dekorationsform und Konstruktionsform enthalten ist: der aus statischen Gründen breite Fuß, der formal die Traufschräge des Kranzgesimses fortsetzt, das seinerseits massiv und schwer ist, weil es die Arkadengalerie belasten muß *, das ornamentale Vierpaßmuster, das durch die monolithische Bauweise nicht nur möglich wird, sondern auch auf diese verweist. Vor allem aber die Ecksteine, die an der Stelle, wo die stärksten Kräfte angreifen, soviel Gewicht bringen müssen, daß sie über das Geländer hinausragen, in Form von Tierfiguren, die eine willkommene Unterbrechung der horizontalen Monotonie sind. Von Leuten, die nicht wissen, daß diese Figuren Viollet-le-Ducs Erfindung sind, werden sie nur zu gerne als Ausdruck mittelalterlicher Mystik gewertet. Daß sie eigentlich nur dazu da sind, damit die Balustrade nicht herunterfällt, machen sich die wenigsten klar. Sicher, auch ein Renaissance-Hauptgesims fällt nicht auf die Straße, aber man muß sich einmal die absurden Zug- und Klammerkonstruktionen ansehen (Abb. 12), zu denen der Architekt Zuflucht nehmen muß, um dieses unnatürliche, einseitig weit auskragende Bauele-

---

* Vgl. hierzu Abb. 17

ment, das keinen andern Sinn hat, als Macht und Reichtum des Bauherrn zu repräsentieren, standfest zu machen.
Viollet-le-Duc kann es auf die Dauer nicht genug sein, die gotische Bauweise nur auf die Restaurierung mittelalterlicher Bauwerke anzuwenden. Was er will, ist ein Stil des 19. Jahrhunderts, ein Stil, der den Ingenieur mit dem Architekten versöhnt. Der mittelalterliche Steinbau hat mit der Kathedralgotik das Äußerste an tektonischer Leichtigkeit erreicht, ist bei der sparsamsten Dimensionierung der Druckstäbe angekommen, die der Bau mit Naturstein zuläßt. Soll dieser Reduktionsprozeß fortgeführt werden, und das wäre die Aufgabe des Jahrhunderts, dann muß ein neues Baumaterial eingeführt werden: Eisen. Der gußeiserne Druckstab ist auf große Längen fugenlos herzustellen, er muß deshalb nicht unbedingt senkrecht angeordnet werden wie der gemauerte, er kann auch schräg verlaufen und damit jeder Kraft in der Richtung folgen, in der sie angreift, muß sie also nicht nach dem Kräfteparallelogramm in senkrechte und waagrechte Einzelkräfte zerlegen (Abb. 13). Und weil er dichter ist als der gemauerte, kann der eiserne Druckstab auch sparsamer dimensioniert werden. Vollends der Zugstab aus Stahl kann so dünn sein, daß ganz neue, netzhafte Ornamente möglich werden, an denen sich alle Spannungslinien ablesen lassen.
Natürlich gibt es das Eisen schon in der alten Gotik. Die oft bis auf die Höhe der Pfeilerkapitelle heruntergezogenen Schlußsteine des flamboyanten Stils, die meistens noch von einem Netzwerk freier Gratrippen begleitet sind, hängen fast immer an versteckten inneren Zugstäben aus Eisen. Aber hier tritt es eben nicht als formbildendes Konstruktionselement auf, sondern ist verleugnetes Hilfsmittel von Dekorationen, die ihrem Wesen nach nicht mehr gotisch sind, angekränkelt von renaissancistischer Imponierarchitektur.
Wenn Viollet-le-Duc entwirft, dann läßt er die eisernen Bauglieder als solche in Erscheinung treten, Konstruktionsform und Dekorationsform zugleich. Das zwölfte seiner zwanzig ‚Entretiens sur l'architecture' handelt weitgehend vom gleichzeitigen Gebrauch von Stein, Ziegel und Eisen und enthält gute Beispiele einer modernen, unmittelbar aus Ingenieurskonstruktionen hervorgegangenen Bausprache, die auch mit präzisen Abbildungen belegt wird.
Bleibt die Frage, ob diese moderne Architektur wirklich so französisch ist, wie der Erfinder meint. Die weitere Entwicklung ist eher enttäuschend. Zwar haben die Franzosen in den Jahren vor 1900 eine ganz außerordentliche Eisenarchitektur geschaffen, und das nicht nur für Fabriken, Bahn-

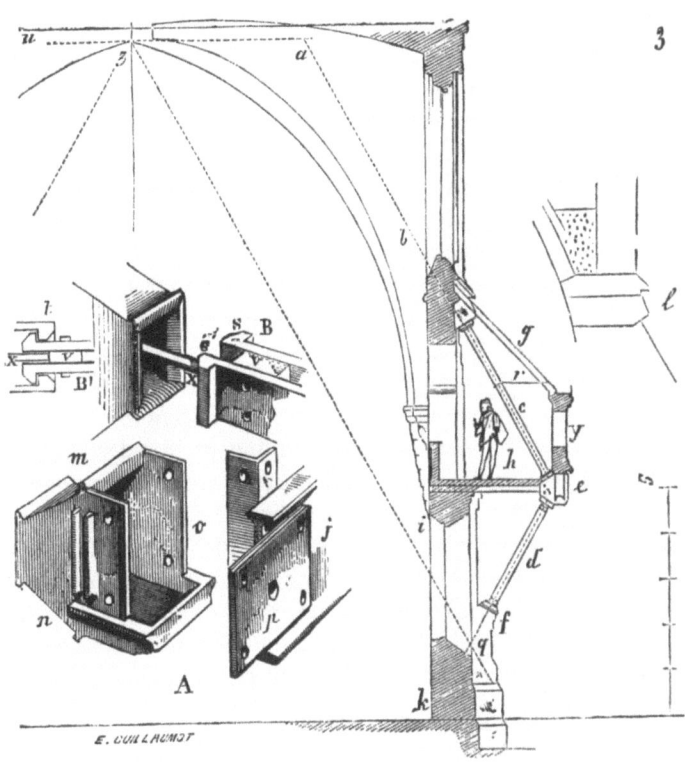

13 Viollet-le-Duc, Gußeisernes Strebewerk 1872

höfe und Warenhäuser, sondern auch für Wohnhäuser, Schulen und Kirchen. Aber das war nur vorübergehend stilbildend. Als der Siegeszug des bewehrten Betons einsetzt, der sich in plastische Formen gießen läßt, bricht bei den Franzosen eine mediterrane Komponente durch, wird die tektonisch orientierte Eisenarchitektur nach und nach aufgegeben, bis es schließlich zu Le Corbusiers architecture moderne kommt, die jede konstruktive Struktur des Bauwerks leugnet, nur noch die nicht funktionale, ‚göttliche' Geometrie gelten läßt.

Es ist bezeichnend, daß es nicht Franzosen sind, keine Pariser, sondern ein Schotte und ein Italiener, die den bedeutendsten Bau im Geiste Viollet-le-Ducs entworfen haben, der heute in Paris steht: das Centre Pompidou. Diese Kulturkathedrale auf dem Plateau Beaubourg ist nämlich nicht so zeitlos und futuristisch, wie allgemein angenommen wird. Sie steht in einer guten französischen Tradition und ist in jeder Hinsicht viel weniger technisch als architektonisch-dekorativ gedacht, ja, wenn man so will: historistisch. Das ist die Interpretation, die das 20. Jahrhundert der Gotik gibt. Von Viollet-le-Ducs kühnen, aber noch von traditionellen Bauformen beeinflußten Vorschlägen für die kommende Eisenbaukunst bis zu den Formen des Centre Pompidou, die einer modernen Industrie-Ästhetik gehorchen, führt ein direkter Weg. Und deshalb ist es legitim, daß dieser seinem Wesen nach neugotische Bau mit der Kathedrale Notre Dame an einer Straßenachse steht.

*

Gottfried Semper hat mit Gotik nichts im Sinn. Probleme der Baukonstruktion und des Baubetriebs müssen gelöst werden, klar, reichen aber nicht hin, eine formale Architektur zu begründen. Aufgabe der Baukunst ist es, Räume zu schaffen, um damit das älteste Bedürfnis der Menschheit überhaupt, zu wohnen, befriedigen zu können. Alle architektonischen Formen beziehen sich auf die Wand, nicht auf die Stütze:

> Als früheste von Händen producirte Scheidewand möchten wir den aus Pfählen und Zweigen verbundenen Zaun erkennen. Von dem Flechten der Zweige ist der Übergang zum Flechten des Bastes zu ähnlichen wohnlichen Zwecken leicht und natürlich.
> Von da kam man auf die Erfindung des Webens, zuerst mit Grashalmen oder natürlichen Pflanzenfasern. Die Verschiedenartigkeiten der natürlichen Farben der Halme veranlaßten bald ihre Benützung nach abwechselnder Ordnung und so entstand das *Muster*.

Die Gerüste, welche dienen, diese Raumabschlüsse zu halten, zu befestigen und zu tragen, sind Erfordernisse, die mit Raum und *Raumesabtheilung* unmittelbar nichts zu tun haben. Sie sind der ursprünglichen architektonischen Idee fremd und zunächst keine formbestimmenden Elemente. (16, Bd. 1, S. 213)
So gesehen ist Gotik natürlich nur eine vorübergehende Verirrung der europäischen Kultur:
Die eigentliche Revolution des Stils beginnt mit der Erfindung der Gurtbogengewölbe. Sowie die Decke durch sie aus ihrer dynamischen Indifferenz herausgerissen und ihre Einheitlichkeit als schwebendes, nur vertikal gestütztes Velum in ein Netzwerk von Gewölberibben aufgelöst wird, die zugleich senkrecht und horizontal auf nur einzelne Punkte der Mauer wirken, verlangt das Auge, sowie die Statik, sofort *Gegenstützen*.
Der gothische Stil hat die eine Hälfte des Problemes, die mechanische nämlich, durch die von Außen gegen die Mauern gestützten Strebepfeiler und Schwibbögen nur zu rücksichtslos und hausbacken gelöst. Dagegen ist er die Lösung der ästhetischen Hälfte desselben schuldig geblieben. Er läßt nicht nur das Auge unbefriedigt, dort wo der Seitenschub der Gewölberibben wahrnehmbar wird, nämlich in dem Innern der überwölbten Räume, wo die äußeren Gegenstreben nicht sichtbar sind und jedes unbefangene Auge sich geängstigt fühlen muß, er verletzt das ästhetische Gefühl auch äußerlich durch übermächtiges, rein technisches Pfeiler- und Schwibbogenwerk, das gegen etwas wirkt, was äußerlich gar nicht gesehen wird und in formaler Hinsicht daher auch gar nicht existiert.
Die Zerlegung der Decke in dynamisch thätige Gurtbögen und Gewölberibben zog unausbleiblich dasjenige nach sich, was die modernen Gothen die organische Gliederung und Belebung der Wand nennen, was aber weiter nichts ist als eine Vernichtung ihrer Existenz.
Die letzte Konsequenz dieses Systems war der gänzliche Wegfall jeglicher sichtbaren vertikalen Raumabschließung, desjenigen Elements der Baukunst, auf welchem die beiden noblen Schwesterkünste der Architectur, die Malerei und die Skulptur nämlich ihr von alters her und naturgemäß dargebotenes Feld zu freiem Schalten hatten. Diesem Mangel wurde, wenigstens in gewissem Sinne, durch die Malerei des Glases abgeholfen, welches zwischen die weiten Öffnungen der Pfeiler gespannt ward. Aber wie Bewunderungswürdiges das Mittelalter auch in der Glasmalerei hervorbrachte, so behält sie doch

unstreitbar stets einen gewissen barbarischen Typus, denn sie ist, da sie nicht sowohl die Mauer bekleidet, sondern selbst Schutzmauer ist, den streng struktiven architektonischen Gesetzen des gothischen Stiles unterworfen. (16, Bd. 1, S. 474f.)
Das ist vernichtend. Ein Bauwerk, das im Besucher die Angst erweckt, es könne über ihm zusammenfallen, das von außen häßlich ist, weil es keinen klaren Baukörper präsentiert, sondern mit Streben verstellt ist, wie sie eben an Bauten üblich sind, die einzufallen drohen, und dem das Allerelementarste fehlt, um dessentwillen man überhaupt baut: die Wand, so beschreibt Semper das, was Viollet-le-Duc und mit ihm fast allen Bauhistorikern als das Größte der abendländischen Baukunst gilt: die gotische Kathedrale.
Aber Gotik gegen Renaissance, das ist kein Streit, der entschieden werden könnte, das sind zwei Standpunkte, zwischen denen man sich zu entscheiden hat, im Grunde auch heute noch. Hugo Häring, der durchaus der Kathedralenarchitektur zugeneigt ist, weil sie eher die Eigengestalt der Dinge zeigt als die Stilgewänder, teilte die Baukünstler in zwei Gruppen, in diejenigen, die machen, was die Technik verlangt, das sind im 19. Jahrhundert die Gotiker, und diejenigen, die den Renaissanciers folgen, die verlangen, daß die Technik macht, was *sie* wollen. Er rechnet sich schließlich doch zu den letzteren und glaubt, daß ihnen die Zukunft gehört.
Sempers architekturtheoretisches Hauptwerk ‚Der Stil in den technischen und tektonischen Künsten oder praktische Ästhetik' erscheint — zweibändig — 1861 und 1863. Also gleichzeitig mit Viollet-le-Ducs ‚Dictionnaire', zu dem es die extreme Gegenposition bezieht. Das zeigt sich schon bei oberflächlichem Durchblättern. Beide Bücher sind Architekturbücher und von Architekten verfaßt. Der ‚Dictionnaire' sagt das auch im Titel, und das Stichwort ‚Architecture' nimmt fast den ganzen ersten der zehn Bände ein. Sempers ‚Handbuch für Techniker, Künstler und Kunstfreunde', in dem indirekt nur von Architektur die Rede ist, nennt sie im Titel nicht, ja, räumt ihr nicht einmal ein eigenes Kapitel ein. Architektur, das wollte er in einem dritten Band erläutern, den er aber dann doch für unnötig hielt, ist keine selbständige Kunsttechnik, sondern freies Schalten mit den elementaren Techniken Flechten, Formen, Fügen und Setzen.
Die Abbildungen im ‚Dictionnaire' sind technische Zeichnungen. Auch wo sie nur Stilformen zeigen, ist immer die Konstruktion, aus der sie hervorgegangen sind, erkennbar. Der ‚Stil' schert sich nicht um Konstruktion, seine Abbildungen sind lächerlich unscharf, fast malerisch, immer nur auf das rein Dekorative ausgerichtet.

Der ‚Dictionnaire' ordnet sein Material alphabetisch, um den Zugriff zum Stoff während der praktischen Entwurfsarbeit zu erleichtern. Er will praktisches Wissen schnell greifbar machen. Der ‚Stil' ist in vier große Kapitel gegliedert, die nacheinander und kontinuierlich gelesen sein wollen. Jedes von ihnen behandelt eine Kunsttechnik abschließend: die Bearbeitung des biegsam-zähen, faserigen Materials durch die textile Kunst, des weich-bildsamen, erhärtenden in der Keramik, des stabförmig-elastischen in der Tektonik, sprich Zimmerei und Schreinerei, und des festen, dichten Materials in der Stereotomie, also der Steinbearbeitung und -vermauerung.

Eine solche Lehre darf kein Handbuch der Kunstpraxis sein, denn sie zeigt nicht das *Hervorbringen* einer beliebigen Kunstform, sondern deren *Entstehen*, ihr ist das Kunstwerk ein Ergebnis *aller* bei seinem Werden thätigen Momente. (16, Bd. 1, S. VIII)

Es ist schwer zu bestimmen, kommt auch genau genommen wenig darauf an, zu wissen, welcher unter den aufgeführten Zweigen der Technik zuerst in Ausführung kam. Jedenfalls kann kein Zweifel darüber obwalten, daß die beiden zuerst genannten diejenigen sind, bei denen sich neben der Zweckverfolgung zuerst das Streben des Verschönerns durch Formenwahl und durch Zierrath kundgab. Unter diesen beiden Künsten gebührt aber wieder der textilen Kunst der unbedingte Vorrang, weil sie sich darin gleichsam als Urkunst zu erkennen gibt, daß alle andern Künste, *die Keramik nicht ausgenommen*, ihre Typen und Symbole aus der textilen Kunst entlehnen, während sie selbst in dieser Beziehung ganz selbständig erscheint und ihre Typen aus sich heraus bildet oder unmittelbar der Natur abborgt. (16, Bd. 1, S. 12)

Es gibt Stämme, deren Wildheit eine ursprüngliche zu sein scheint, die keinerlei Bekleidung kennen, denen aber die Benützung von Fellen und sogar eine mehr oder minder entwickelte Industrie des Spinnens, Flechtens und Webens, die sie zur Einrichtung und Sicherung ihres Lagers anwenden, nicht unbekannt ist. (16, Bd. 1, S. 213)

Sempers Behauptung, es sei die Kunst des Flechtens und Webens nicht nur die älteste an sich, sondern auch älter als ihre Anwendung auf die Herstellung von Bekleidung, kann der Anthropologe bestätigen. Ein Mann, dessen Art zu denken mit der Sempers viel gemein hat, Claude Levi-Strauss (geb. 1908), berichtet über einen Besuch in einem Kukidorf an der birmanischen Grenze, das zu erreichen er große Strapazen auf sich genommen hat, Hunger, Durst und geistige Verwirrung:

Aber dieses organisch bedingte Schwindelgefühl verging beim Anblick der Formen und Farben: Wohnstätten, die durch ihre Größe und trotz ihrer Hinfälligkeit majestätisch wirken und für deren Bau Materialien und Techniken verwendet wurden, die wir bei sehr viel kleineren Dingen benutzen; diese Wohnungen sind weniger gebaut als geknüpft, geflochten, gewoben, gestickt und von der Zeit mit Patina überzogen; statt den Bewohner in einer Masse gleichgültiger Steine zu ersticken, passen sie sich seiner Anwesenheit und seinen Bewegungen an; anders als bei uns bleiben sie dem Menschen stets untertan. Wie eine leichte und elastische Rüstung umgibt das Dorf seine Bewohner, eher den Hüten unserer Frauen vergleichbar als unseren Städten: ein monumentaler Schmuck, der etwas vom Leben der Zweige und Blätter bewahrt, deren natürliche Ungezwungenheit das Geschick der Erbauer mit ihren anspruchvollsten Plänen zu versöhnen verstand.

Die Nacktheit der Bewohner erscheint durch das samtene Gras der Wände und die Fasern der Palmblätter geschützt: sie schlüpfen aus ihren Wohnungen, als ob sie riesige Hausmäntel aus Straußenfedern ablegten. (11, S. 207)

Diese Menschen, für die Sich-bekleiden und Sich-behausen noch keine voneinander scharf getrennten Aktivitäten zu sein scheinen, bestätigen Sempers Vorstellung von der Urarchitektur:

Das Bedürfnis des Schutzes, der Deckung und der Raumabschließung war einer der frühesten Antriebe zu industriellem Erfinden. Der Mensch lernte natürliche Decken benutzen, sie zuletzt durch künstliches Geflecht nachzubilden. Der Gebrauch dieser Decken ist älter als die Sprache, der Begriff der Deckung, des Schutzes, des Abschlusses ist unauflöslich an jene natürlichen und künstlichen Decken und Bekleidungen geknüpft, die somit die sinnlichen Zeichen für jene Begriffe geworden sind und als solche vielleicht das wichtigste Element in der Symbolik der Baukunst bilden. (16, Bd. 1, S. 27)

Diese enge Verbindung von Bauform und Sprachform ist für Sempers Stillehre typisch, vor allem von textiler Form und Sprache. Tatsächlich sind ja fast alle Fachbegriffe der Architektur ursprünglich Begriffe aus der Textilkunst: Dach, Decke, Wand, Bekleidung, Verbindung, Knoten, Wulst, um nur die geläufigsten zu nennen.

Die Übernahmen von Stilformen aus einer älteren Technik in die jüngere (gleich die ersten Keramiken zeigen Schnur- und Bandwerksornamentik), ist *das* Charakteristikum der Kunstgeschichte. Sie sind analog zur Übernahme von Sprachelementen aus einer älteren Sprache in eine jüngere.

Keine Sprache ist jemals völlig neu konstruiert worden, jedes Wort, das wir gebrauchen, hat seine Etymologie, die uns weit in frühzeitige Sprachen zurückführt. Eine Sprache, deren Wörter keine Etymologie hätten, wäre völlig unverständlich. Es ist daher absurd, sagt Semper, wenn die Gotiker meinen, einen Stil, also eine Sprache des gestalterischen Ausdrucks, könne man ohne Rücksicht auf die historische Baukultur einfach aus den angewandten technischen Formen neu entwickeln, und ob die Gotik das wirklich getan hat, ist mehr als zweifelhaft.

Die Voraussetzung, auf der Semper seine Stillehre aufbaut, daß nämlich Stilformen Sprachformen sind, daß dekorative Elemente so wie Wörter im Laufe der Zeit viele Bedeutungswandel durchmachen, heute etwas ganz anderes bedeuten können als ihre Wurzeln, ist für seine Zeit absolut einmalig. Die anerkannte Bautheorie ging — und geht heute noch — ganz andere Wege.

Ich will das an einem Beispiel zeigen, das gleichsam eine architekturtheoretische Gretchenfrage ist: Was bedeuten eigentlich die Triglyphen? Also die Ornamentplatten, die am dorischen Tempel zusammen mit den zwischen ihnen liegenden Metopen den Fries bilden, der von Architrav und Kranzgesims begrenzt wird, und die, im Gegensatz zu ihrem Namen, mit nur zwei Schlitzen versehen sind, denen Abfasungen an den Kanten entsprechen.

Für Vitruv (25 v. Chr.) sind sie die Balkenköpfe der ursprünglich aus Holz gebauten Decke über der Cella, zum Schutz gegen die Witterung mit Brettchen abgedeckt, in die die zwei ganzen und zwei halben (Fasen-)-Schlitze gestochen sind, als willkürliches Ornament. Diese Deutung besticht durch ihre Einfachheit, ist aber wenig überzeugend. Wenn die Triglyphen aus einer Balkenlage hervorgegangen sind, warum sind sie dann auch an der Stirnseite des Tempels angeordnet? Und was bedeutet das tropfenförmige Ornament an ihrer Unterseite, die sogenannten Guttae? Holznägel? Die wären doch an dieser Stelle völlig sinnlos. (Abb. 14) Viollet-le-Duc weist darauf hin, daß Vitruvs Erklärung schon deshalb fragwürdig ist, weil im dorischen Tempel die Decke über Cella und Säulenhalle ja gar nicht in der Ebene der Triglyphen liegt, sondern in der des darüberliegenden Kranzgesimses. Die Erklärung, die Decke sei eben im Lauf der Entwicklung vom Holzbau zum Steinbau nach oben gewandert, lehnt er ab, wie er überhaupt der Ansicht ist, beim dorischen Tempel seien Holz- und Steinbau nicht aufeinanderfolgend entwickelte Techniken, sondern gleichzeitige. Diese Architektur sei tektonisch orientiert, damit man Holz und Stein alternativ verwenden kann, je nachdem, was zur Verfügung

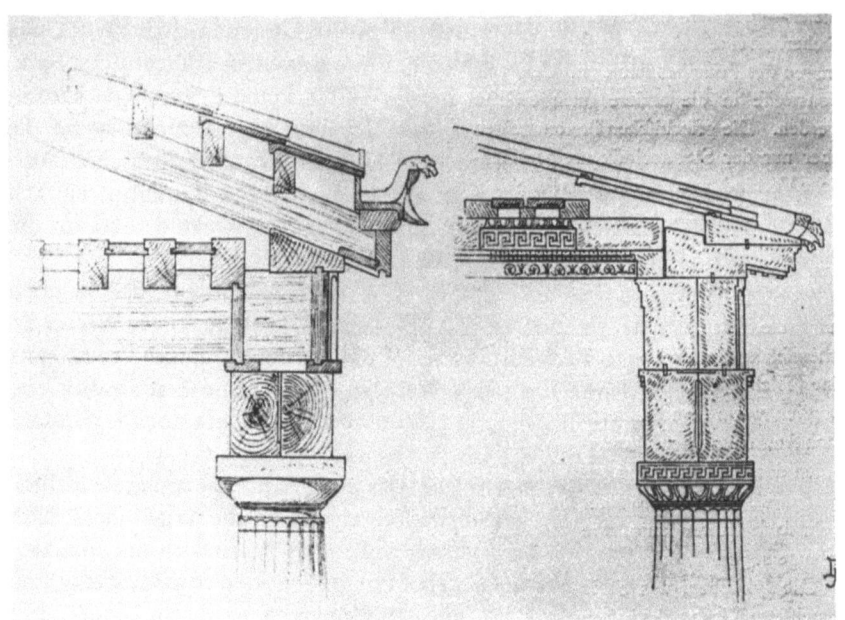

14 Ursprung der Triglyphen nach Vitruv
▶ **15** Ursprung der Triglyphen nach Viollet-le-Duc

steht: gegebenenfalls sei auch ein in Stein begonnener Tempel in Holz zu vollenden, wenn das Geld knapp wird. Also gotische Bauhüttenökonomie. Die Triglyphen sind für ihn aus kurzen, auf dem Architrav stehenden Pfosten entstanden, die das Kranzgesims tragen und Zwischenräume frei lassen, durch die beim Urtempel die Cella beleuchtet wird und in die man Opfergaben stellte, aus denen sich der ornamentale Schmuck der Metopen ergeben hat, die ihrerseits aus Fensterläden entstanden sind. Das Furchenornament der Triglyphen symbolisiert also etwas senkrecht Stehendes. (Abb. 15)

Semper findet das nicht zwingend. Erstens wird auch da keine Erklärung für die Guttae gegeben, vor allem aber ist doch das Kranzgesims viel zu niedrig, als daß es die Stirnflächen einer Holzbalkenlage verbergen könnte. Er meint zwar auch, daß die Decke in dieser Ebene liegt, und zwar von Anfang an, aber es ist nie eine Holzbalkendecke gewesen, sondern eine textile. Dieser Deckenteppich hatte einen zinnenförmigen Rand, ein sehr geläufiges Textilornament, das an Behängen, Fahnen oder Teppichen immer wieder vorkommt. Die Tempeldecke wäre demnach gespannt worden,

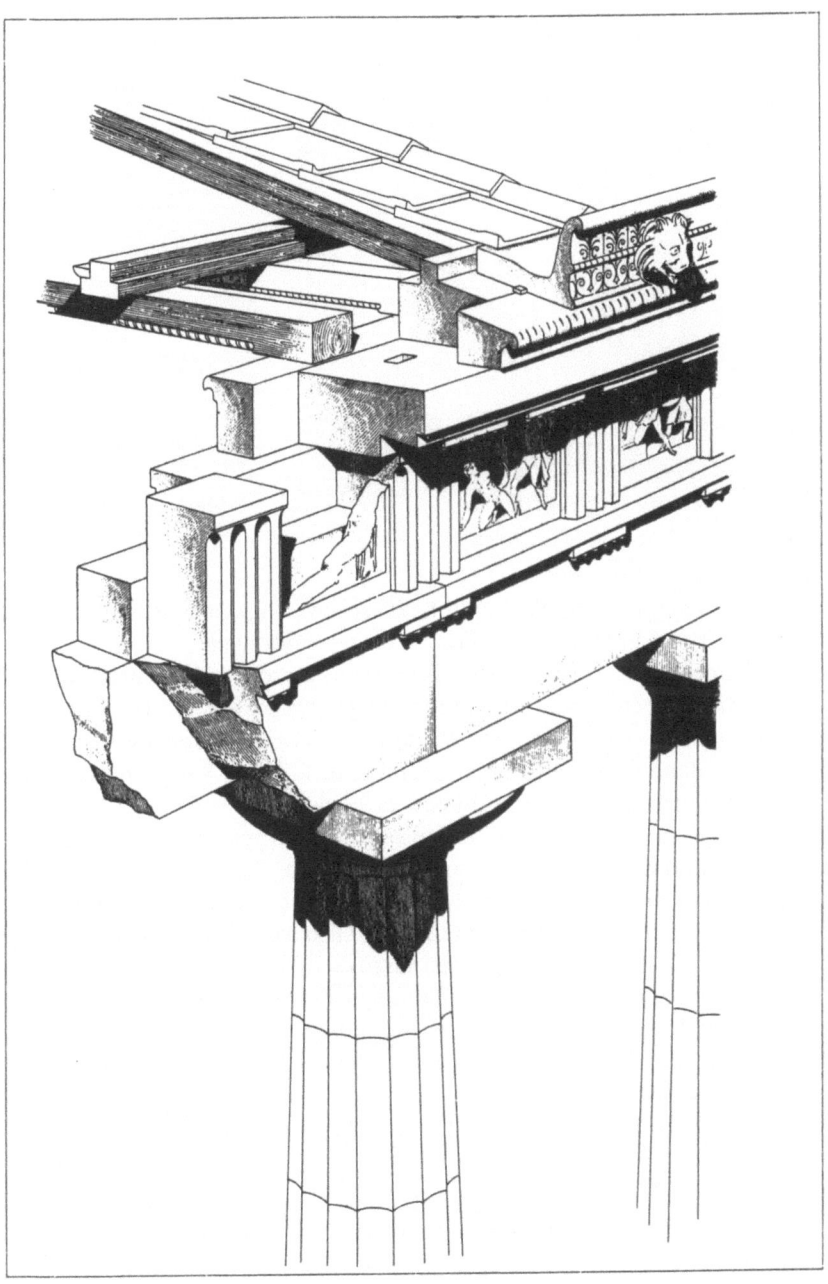

16 Das Thema des Dreischlitzes nach Semper

indem man sie zwischen Fries und Kranzgesims eingeklemmt hat, während man die Zinnen außen über ersteren herunterhängen ließ. Diese Zinnen sind nochmals geschlitzt, so daß drei Lappen entstehen, die an ihrem unteren Ende mit Troddeln geschmückt sind, Ursprung der Guttae, und die, damit sie nicht im Wind flattern, kurz über den Troddeln mit einem Band festgehalten werden, das ebenfalls, als Tenia, in das Formvokabular des Tempels übernommen worden ist. (Abb. 16)*
Die Triglyphen symbolisieren hier also nichts Stehendes, sondern im Gegenteil Hängendes. Sie haben auch gar keinen Zusammenhang mit der Konstruktion des Tempels, sondern verweisen auf ältere, textile Techniken. Dort sind zinnenförmige Ränder ein Ornament, das auf die ursprüngliche Technik, ungesäumte Ränder auszuzacken, um sie gegen abrebbeln zu schützen, zurückgeht. Die Etymologie der Triglyphen reicht mithin weit zurück, bis in vorgeschichtliche Technologien.
Es ist müßig, sich die Frage zu stellen, welche der drei Theorien die rich-

---

* Diese merkwürdige Figur steht in Sempers Buch tatsächlich an der Stelle, wo er seine Triglyphentheorie darlegt. Mehr als viele Worte zeigt sie die unterschiedliche Einstellung, die er und Viollet-le-Duc vom Wesen der Bauformen haben. Der konstruktiven Darstellung des Neugotikers stellt der Renaissancist ein formales Ornament gegenüber, noch dazu aus einem Sachbereich, das mit dem dorischen Tempel gar nichts zu tun hat.

tige ist. Die richtige gibt es nicht. Man muß sich an Friedrich Schlegel (1772–1829) halten: ‚Jeder hat noch in den Alten gefunden, was er brauchte oder wünschte, vorzüglich sich selbst.' Aus diesem Grund wäre es viel interessanter, dahinter zu kommen, warum die Verfasser eines Atlas der Baukunst von 1974 (12, S. 157) keine andere Deutung zulassen als die des Vitruv.

Wenn die Urtechnik des Bauens – wie Semper sagt – das Behängen statischer Gerippekonstruktionen mit Tuchflächen ist, die Wand ihrem Wesen nach nichttragend, mehr noch, nichtstehend (mithin also der moderne curtain wall, die vorgehängte Fassade etwas ganz Ursprüngliches), dann ist zu vermuten, daß sehr viele senkrechte Dekorationselemente gar nicht stehende Konstruktionsteile symbolisieren, sondern Hängendes. Zumindest dürften alle Elemente, die Tragendes darstellen, aus baugeschichtlich späten Epochen stammen. Wie eben der griechische Tempel mit seinen Säulen, zu dem Semper sagt:

Die Kunst des Zusammenfügens starrer stabförmiger Teile zu einem in sich unverrückbaren Systeme ist unstreitig für die monumentale Stillehre unter allen die wichtigste, schon insofern das Giebeldach mit seinem Stützwerke seit ältester Zeit und bei allen Völkern überliefertes Symbol des Allerheiligsten, des geweihten Gotteshauses war. Dieser fortwirkende unmittelbare Einfluß der Zimmerei auf den Stil der Baukunst ist nur dann in seiner wahren Bedeutung zu fassen, wenn wir, von den ältesten Typen ausgehend, die neuen Motive verfolgen. Denn alle weisen in letzter Instanz immer wieder auf jene Wurzelformen zurück.

Nun sind aber diese Wurzelformen der Technik viel älter als die Baukunst und bereits in vormonumentaler Zeit an dem beweglichen Hausrath zu vollster und sehr ausgesprochener Ausbildung gelangt, ehe die heilige Hütte, das Gottesgehäuse, das monumentale Gezimmer seine Kunstform erhielt. Daraus folgt, daß diese eine Modifikation desjenigen war, was die Tektonik an ihrem älteren Objekte aus sich heraus gebildet hatte.

Dieser wichtige Sachbestand beseitigt ein für allemal den müßigen Streit über die vitruvianische Holzhütte als angeblichem Vorbild des Tempels. Ihre Kunstform haben beide, der hölzerne wie der steinerne Tempel weder aus sich heraus ‚erbildet', noch voneinander entlehnt, sondern mit Pegmen gemein, die als Hausgeräth bereits viel früher mit ihnen eigenthümlichen Kunstformen bekleidet waren. (16, Bd. 2, S. 199 f.)

Victor Hugo (1802–1885), der selbst eine Zeitlang das Pariser Polytechnikum besucht hat, macht 1831 mit ‚Notre Dame de Paris' ein gotisches Bauwerk zum Helden eines Romans. Im zweiten Kapitel des fünften Buches schreibt er:

> Seit Anbeginn der Dinge bis zum fünfzehnten Jahrhundert der christlichen Zeitrechnung war die Baukunst in Wahrheit das große Buch der Menschheit, das Hauptausdrucksmittel ihrer Kraft und ihres Geistes in den verschiedensten Entwicklungsstadien. (...) als das Christentum im Schutt vergangener Kulturen grub und aus ihren Ruinen eine neue hierarchische Welt aufbaute, deren Schlußstein das Priestertum war, hob sich (...) immer kräftiger jene geheimnisvolle, romanische Architektur, die die Schwester der theokratischen Bauten Ägyptens und Indiens und das unzerstörbare Sinnbild des reinen Katholizismus und des ungebrochenen Papsttums ist. Die ganze Gedankenwelt jener Zeit ist in dem düsteren, romanischen Stil zur Form geworden. Man fühlt überall die unumschränkte Macht, die undurchdringliche Einheit. (...) Überall waltet der Priester, nirgends das Volk. Dann aber kam die Zeit der Kreuzzüge. Sie waren eine große volkstümliche Bewegung, und jede solche Bewegung (...) weckt schließlich immer den Geist der Freiheit. Neue Gedanken tauchen auf. (...) Neben der Theokratie erschien der Feudalismus auf dem Plan; hinter dem Feudalismus lauerte das Volk, um sich wie immer den Löwenanteil zu erbeuten. Europa hatte sich verwandelt und siehe da!, mit ihm auch die Baukunst.
>
> Wie die Völker die Freiheit, so hatte sie den Spitzbogen aus den Kreuzzügen heimgebracht. Hand in Hand mit der langsamen Auflösung der päpstlichen Macht ging das Absterben der romanischen Architektur. Selbst der Dom, dieses einst so dogmatische Gebäude, gehörte jetzt dem Bürger, der Gemeinde, der Freiheit. Er entwuchs dem Priester und verfiel dem Künstler. (...) Das Buch der Architektur gehörte nicht mehr Rom, dem Priestertum und der Religion; es gehörte der Erfindungsgabe, der Poesie und dem Volke. Darum hat sich diese Architektur, die nur drei Jahrhunderte dauerte, so oft und so rasch gewandelt, eine Beweglichkeit, die nach dem sechshundertjährigen Stillstand der romanischen Architektur um so erstaunlicher wirkte. (...) Die Freiheit, seine Gedanken in Stein zu äußern, war damals ein Vorrecht, das der Pressefreiheit durchaus zu vergleichen ist.
>
> So war bis Gutenberg die Baukunst die allgemeine Schrift, die Weltschrift.

Im fünfzehnten Jahrhundert trat eine große Wandlung ein.
Der Menschengeist fand ein neues Mittel, seinen Gedanken Dauer zu verleihen. Es ist nicht nur widerstandsfähiger als die Architektur, sondern auch einfacher und leichter zu handhaben.
Das Buch tötet das Gebäude.
Die Erfindung der Buchdruckerkunst ist das größte Ereignis der Geschichte, die Mutter der Revolutionen. Sie gab der Menschheit ein neues Ausdrucksmittel für ihre neuen Gedanken.
So kam es, daß die Baukunst langsam vertrocknete und verkümmerte. (...) Schon waren die Gebäude nicht mehr der reine Ausdruck des Zeitgeistes. Die Baukunst borgte bei den Griechen und Römern; sie wurde eine unechte klassische Kunst. Dieser Verfall wird Renaissance genannt. Es ist ein glanzvoller Verfall; denn die strahlende Sonne der Gotik, die hinter der mächtigen Mainzer Buchdruckerpresse versank, durchdrang noch mit ihren letzten Strahlen die Zwittergebilde römischer Bogengänge und korinthischer Säulenhallen.
Diesen Sonnenuntergang verwechseln wir mit einer Morgenröte. (10, S. 197 ff.)
Der eigentliche Wandel, den die Buchdruckerkunst, die große kulturgeschichtliche Innovation, bringt, ist der, daß sie die bis dahin dem Volk allein verständliche analoge Codifizierung der Aussagen durch die digitale Codifizierung ersetzt, die, bisher den Gelehrten vorbehalten, jetzt Allgemeingut wird. Digitale Texte leisten wesentlich mehr als die Bilderwelt des Analogen, sie sind leicht zu handhaben, ebenso exakt und detailgenau wie flexibel. Diese Hinwendung zum Digitalen ist der Kern der Renaissancearchitektur. Weil die alten Bauformen mit Bedeutung befrachtet sind, kann man mit ihnen schnellebige Ideen texten. Nur, die Genauigkeit der Buchtexte läßt sich mit Renaissancearchitektur nicht erreichen, sie ist wohl literarisch, aber nicht Literatur. Anders als die Gotik, die einem Publikum, das gewohnt ist, sie zu lesen, ganzheitliche Bilder bietet und so zur Mutter der Künste werden konnte.
Und das ist der Kernpunkt des Historismusstreites: kann man überhaupt literarisch bauen?

Viollet-le-Duc, der, wie sein Landsman Victor Hugo, glaubt, um das Jahr 1900 werde die Architektur wieder einen Aufschwung erleben, freilich nicht mehr als Mutterkunst, nur noch als Gleiche unter Gleichen, setzt für diesen Fall ganz selbstverständlich auf die Gotik. Weil sie das Gebaute unmittelbar, nicht über einen codifizierten Text wiedergibt. Die Fassade von

Notre Dame (Abb. 17) ist eine genaue Analogie dessen, was im Bauwerk vorgeht, man sieht, wie die Kräfte verlaufen, wie die Gewichte verteilt sind, welche Teile monolithisch, welche zusammengesetzt sind. Der moderne, am Lesen gedruckter Texte orientierte Mensch sieht es vielleicht nicht von selbst, aber er kann dazu angeleitet werden, ohne daß er deshalb den Umweg über die Erlernung eines Codes gehen müßte.
Auch Semper glaubt an einen bevorstehenden Aufschwung der Architektur. Aber er setzt auf den codifizierten Text, auf Bauformen als Bedeutungsträger. Er verlangt ausdrücklich, daß seine Fassaden ‚gelesen' werden sollen, und er kann zu seiner Zeit wohl auch damit rechnen, daß sie gelesen werden. Aber sie erleiden damit auch das Schicksal aller digitalen Texte, denen ihre Kurzlebigkeit zum Verhängnis wird. Durch das Buch wird das Entwicklungstempo der Zivilisation beschleunigt, und der Text von vor zehn Jahren ist heute schon nicht mehr zutreffend, der über ein Jahrhundert alte vielleicht schon unverständlich, muß uns von Kennern der Materie kommentiert werden:

Bei allen Bauten und Projekten der Zürcher Zeit kommt es zu einer Auseinandersetzung zwischen Architekturkörper und Kunstform. Die Kunstform wird deutlich zur ‚Kruste', zum ‚Guß' über den Körper, der, von Organisation und Konstruktion bestimmt, auf die künstlerische Darstellung am Äußeren keine Rücksicht nimmt und das Äußere als Äußerlichkeit erscheinen läßt.

Jedenfalls ist den gebauten Entwürfen jener Zeit durchwegs eigen, daß die Formkruste den Körper nicht mehr zu umspannen vermag. Sie wird als auseinandergeborsten dargestellt oder nur zur Deutung der entscheidenden Stellen gebraucht.

Die Architekturform beschränkt sich am Polytechnikum in Zürich (Abb. 8, s. Seite 24) auf die Zonen der wichtigen Mittelrisalite, (...) das Stadthaus in Winterthur (Abb. 18) besteht optisch aus drei einzelnen Baukuben. (5, S. 224)

Es fällt schwer, die sparsame Anwendung von Architekturgliedern als Auseinanderbersten einer Kruste zu lesen oder als Nicht-umspannen-können. Ich meine, daß Viollet-le-Duc verständlicher ist, wenn er auch nicht allzuviel zu sagen hat. Aber ich verstehe natürlich auch, was Semper gegen die Neugotik als Sprache einzuwenden hat, die für sein Verständnis ja nur Nabelschau betreibt. Im 12. Jahrhundert innerhalb von 25 Jahren aus dem Nichts entwickelt, nur um dem Betrieb der Bauhütten gefällig zu

◀ 17 Viollet-le-Duc, Idealentwurf zu Notre Dame de Paris 1863

18 Semper, Das Winterthurer Rathaus 1869

sein, bringt sie eine Architektur hervor, die einfach außerhalb der Tradition abendländischer Kultur steht.

Semper im ‚Stil':
Die Kunst hat ihre besondere Sprache, bestehend aus formellen Typen und Symbolen, die sich mit dem Gang der Kulturgeschichte auf das mannichfachste umbildeten, so daß in der Weise, sich durch sie verständlich zu machen, fast so große Verschiedenheit herrscht, wie dieß auf dem eigentlichen Sprachgebiete der Fall ist. Wie nun die neueste Sprachforschung bestrebt ist, die verwandtschaftlichen Beziehungen der menschlichen Idiome zu einander nachzuweisen, ebenso läßt sich ein analoges Bestreben auf dem Felde der Kunstforschung rechtfertigen, welches der Entwicklung der Kunstformen aus ihren Keimen und Wurzeln, ihren Übergängen und Verzweigungen diejenige Aufmerksamkeit widmet, die ihr ohne Zweifel gebührt. So, wie die Sprachwurzeln ihre Geltung immer behaupten und bei allen späteren Umgestaltungen der Grundform nach wieder hervortreten, wie es unmöglich ist, für einen neuen Begriff zugleich ein neues Wort zu erfinden, ohne den ersten Zweck zu verfehlen, nämlich verstanden zu werden, ebensowenig darf man diese ältesten Typen und Wurzeln der Kunstsymbolik für andere verwerfen und unberücksichtigt lassen. Denselben Vortheil, den die vergleichende Sprachforschung und das Studium der Urverwandtschaften der Sprachen dem heutigen Redekünstler gewähren, hat derjenige Baukünstler in seiner Kunst voraus, der die ältesten Symbole seiner Sprache in ihrer ursprünglichen Bedeutung erkennt. Ich glaube auch den Zeitpunkt nicht fern, wo die Forschung der Sprachformen und diejenige, welche sich mit den Kunstformen beschäftigt, in Wechselwirkung zueinander treten werden, aus welcher Verbindung die merkwürdigsten gegenseitigen Aufschlüsse auf beiden Gebieten hervorgehen müssen. (16, Bd. 1, S. 1 ff.)

Hundert Jahre später macht diese Denkweise als ‚Strukturalismus' Schule. Claude Levi-Strauss findet in der strukturalen Linguistik die Methode, der er seine anthropologische Arbeitsweise anpaßt, und stellt damit für seinen Forschungsbereich jene Verbindung her, aus der ‚die merkwürdigsten gegenseitigen Aufschlüsse auf beiden Seiten hervorgehen müssen'.

Die Aktualität Viollet-le-Ducs liegt offen zutage.
Die Aktualität Sempers müssen wir erst noch entdecken.

Die Stadt im römischen Kaiserreich war sicher in vieler Hinsicht eine moderne Stadt. In ihren Haushalten wurden nicht weniger Öllämpchen verschlissen als bei uns Glühbirnen, und deshalb mußte es auch eine leistungsfähige Öllämpchenindustrie geben, die für den nötigen Nachschub sorgte. Aber diese Industrie für Hausgerät und Kleidung ist in der Sklavengesellschaft nicht mechanisiert. Es gibt wohl auch Maschinen, vor allem solche für Fördern und Heben, aber ihr Kraftantrieb erfolgt durch Menschen, allenfalls durch Zugtiere. Nur Schiffe nutzen die Naturkraft Wind. Die mittelalterliche Stadt dagegen, die keine Sklaven kennt, hat ein Gewerbe, das sich die an Ort und Stelle vorhandenen Naturkräfte zunutze zu machen weiß.

Freiburg im Breisgau ist der Idealfall einer solchen Stadt. Ihre Gründung ist ein Willensakt der Zähringer-Herzöge, sie wächst auf freiem Feld, aber in wohl gewählter Lage. Nichts ist dem Zufall überlassen, der Straßenplan bis ins Kleinste ausgetüftelt. Er geht von einer rechtwinkligen Grundidee aus, die aber nur vage eingehalten ist. Denn anders als die antike Stadt oder die barocke, vergewaltigt die mittelalterliche nicht das Gelände durch Geometrie, sondern ist die Antwort auf dessen präzis erfaßte Topographie. (Abb. 19)

Wo ein Fluß aus dem Gebirge in die Ebene tritt, landet er einen Schwemmkegel an. Das ist ein nach drei Seiten geneigtes Sandgelände mit einer Bergwand im Rücken. Im Berg kann man Quellen fassen und Trinkwasser im natürlichen Gefälle zu den Brunnen leiten. Ein Hangkanal bringt Brauchwasser vom Fluß an die höchste Stelle der Anlage. Es fließt dann in größeren Runzen an der Stadt entlang, wo es zum Antrieb der Mühlen und Hämmer genutzt wird. Kleinere ‚Bächle' leitet man durch die Straßen der Innenstadt, wo sie die Aufgabe übernehmen, Unrat und Abfälle fortzuschwemmen. Dazu ist allerdings notwendig, durch sinnvolle Straßenführung ein gleichmäßiges Gefälle zu schaffen, das es erlaubt, den Wasserstrom vom oberen Einlauf her netzartig zu verteilen, durch die ganze Stadt zu führen, am tiefsten Punkt wieder zu sammeln und in den Fluß zurückzuleiten (dessen Selbstreinigungskraft ausreicht, mit der Verschmutzung fertigzuwerden). Die Straßen können also nicht geometrisch-willkürlich geführt werden, sondern müssen den Hanglinien des Geländekegels folgen. Auf diese Weise hat man, allein durch geschickte Ausnutzung des Platzes, schon die wichtigsten Probleme gelöst, die eine Stadt stellt: Versorgung mit Trinkwasser und Energie und Beseitigung der Abfälle.

Nicht nur der Verlauf einer Straße, auch ihre Breite folgt klaren Planzielen. Jedes Grundstück grenzt rückseitig an einen schmalen Versorgungsweg, nach vorne an die eigentliche Straße, in der sich das öffentliche Leben abspielt, das vom privaten noch nicht so getrennt ist wie später in der Barockstadt. Die Hausfassaden sind noch durchlässig, haben im Erdgeschoß große Bogenfenster, durch die die Werkstatt oder der Laden sich nach außen öffnet. Die Breite der Straße wechselt, je nachdem, wieviel Öffentlichkeit sie an einer bestimmten Stelle aufnehmen muß: Verkehr, Markt, Versammlungs-, Fest- oder Richtplatz. Freien Raum benötigt der Friedhof, der um das Münster liegt, dessen exakter Kathedralgrundriß in seltsamem Widerspruch zur Zweckform des Straßennetzes steht; wie immer herrscht Geometrie vor, wo Tote und Götter ihr Recht verlangen.

Nichts an diesem Stadtplan ist ‚gewachsen', nichts kommt, wie man es so gern haben möchte, aus dem Kollektiv-Unterbewußten einer Gesellschaft, die ihrer Welt noch nicht entfremdet ist. Hier ist nüchterne funktionalistische Planung am Werk, die mit Gewalt durchgesetzt wird. Kein Wunder, daß die ohnehin gotisch orientierten Ingenieur-Architekten auch im Hinblick auf den Städtebau mittelalterliche Ideale haben.

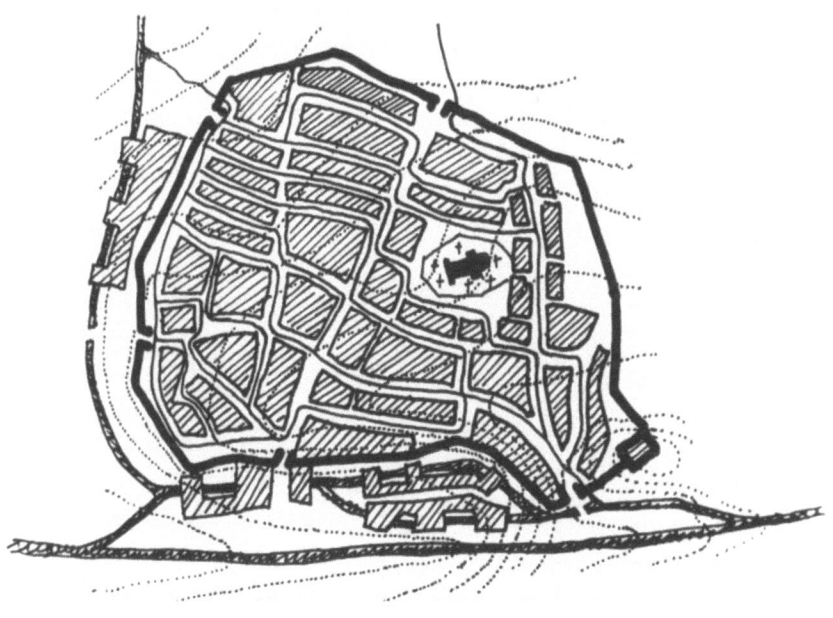

19 Der Freiburger Stadtplan mit Runzen und Bächle um 1200

Trotz der Nutzung der Wasserkräfte ist diese Stadt aber nicht industrialisiert, ihre Produktion ist handwerklich orientiert und wird von den Zünften dahingehend überwacht, daß sie einen hohen Qualitätsstandard hat. Der Kitsch, Kennzeichen nicht nur der modernen Fabrikproduktion, sondern sehr wohl auch der römischen, fehlt hier ganz. Und deshalb führt der Schock, den etwa die Weltausstellung von 1851 in London mit ihrer Schwemme billigster Industriekunst ausgelöst hat, nicht zuletzt auch zu einer Wiederaufnahme des gotischen Stils. William Morris gründet 1861 mit Freunden eine Werkstätte, bei deren Arbeit die Trennung von Kunst und Kunstgewerbe nicht anerkannt wird. Vielmehr wird vom Handwerker künstlerisches Gefühl, vom Künstler handwerkliche Fähigkeit verlangt. Der typische Stil dieser Werkstatt, ein frei variiertes naturalistisch-gotisches Ornament, führt später unmittelbar in den Jugendstil. Der sozialreformerische Geist der Gruppe ist noch im Bauhaus zu spüren.

Freiburg, im 17. Jahrhundert habsburgisch und Sitz der Regierung von Vorderösterreich, das sich von Tirol bis an den Rhein erstreckt, kommt 1806 zu Baden und damit wieder in die Gewalt der Zähringer, die jetzt als Großherzöge im fernen Karlsruhe residieren. Mit Karl Schäfer (1844–1908) finden sie später den Baumeister, der durch mittelalterliche Architektur ihre Herrschaftsansprüche demonstrieren soll. In Freiburg baut er eine neugotische Universitätsbibliothek und restauriert phantasievoll alte Stadttore, indem er ihnen zusätzliche Geschosse mit Zinnen und Türmchen aufsetzt. (Abb. 20) Die Bürger der Stadt, die den Anschluß an Baden, dessen Hauptstadt man nicht geworden ist, nie überwunden haben, reagieren empfindlich auf Schäfers Annexionsarchitektur, noch heute gilt sie als hochgradig geschmacklos. Demonstrativ fährt der Stadtbaumeister nach Velthurns in Tirol, um im Schloß Skizzen zu machen für seinen neugotischen Rathausbau, mit dem die Bedeutung dokumentiert werden soll, die man als Hauptstadt von Vorderösterreich hatte. (Abb. 21)

Das spielt sich wohlgemerkt alles um 1900 ab! Es zeigt, daß man noch so spät die mittelalterliche Stadt als höchst modern empfunden hat. Jetzt aber weniger wegen ihrer technologischen Qualitäten als im Hinblick auf ihre Sozialstruktur. Hier, so glaubt man, bieten sich möglicherweise Ansatzpunkte für Reformen des Wohnungsbaus. In der mittelalterlichen Stadt hat das Genossenschaftswesen eine beherrschende Stellung. Orientierungspunkte im Stadtgefüge, soziologisch wie baulich, sind die Gemein-

Seiten 60/61: **20** Karl Schäfer, Das Freiburger Martinstor 1901; **21** Rudolf Thoma, Das Freiburger Neue Rathaus 1901

schaftseinrichtungen: Zunfthäuser, Herbergen, Spitäler, Asyle. Könnte nicht auch die Stadt des 20. Jahrhunderts in dieser Art soziologisch ausgerichtet sein? Das ist die Idee der Gartenstadtbewegung, in der sich die Bürger genossenschaftlich organisieren, ihr Eigenheim von der Gemeinschaft gewissermaßen zu Lehen erhalten und Gemeinschaftsanlagen benutzen, die finanziert werden durch den Bodenwert-Zuwachs der unerschlossen gekauften Grundstücke.

Dem stellen sich die großstädtischen Renditenhausbesitzer als Bewahrer der überkommenden Ordnung entgegen. Das führt zum Sozialismus, sagen sie, und damit früher oder später zur Zwangsherrschaft. Die Stadtarchive sind doch voll von mittelalterlichen Vorschriften und Erlassen, in denen alles geregelt ist, nicht nur der Bau des Hauses bis ins kleinste Detail, auch die Kleider am Sonntag und am Werktag, die Berufsausübung, Hochzeitsschmäuse, Kirchgang und Freizeit. Ja, die älteste Beurkundung irgendeines Brauches ist meistens dessen Verbot. Gegenüber dieser antiliberalen Genossenschaftsstadt ist der Bürger der Barockstadt geradezu frei. Wohl muß die Fassade seines Hauses sich einem generellen Plan unterordnen, aber hinter die Fassade wird ihm nicht geschaut. Es ist kein Zufall, daß die Großstädte des 19. Jahrhunderts ihrem Wesen nach Barockstädte sind, mit abgezirkelten Avenuen und räumlich gefaßten Boulevards, in denen gotische Architekturelemente eigentlich keinen Platz haben.

Trotzdem gehört die genossenschaftliche Siedlung auch heute noch zum festen Bestand unserer Wohnungsversorgung. Aber es zeigte sich bald, daß man sie nicht auf einem rein formalistisch wiederholten mittelalterlichen Grundriß aufbauen kann, nachdem die technischen Notwendigkeiten, die zu diesem Grundriß geführt haben, entfallen sind. Einer der Männer, die den deutschen Gartenstädten ihr Gesicht gegeben haben, Friedrich Ostendorf (1871–1915), schreibt dazu:

> Wie soll sich nun der Stadtanlage gegenüber der moderne Architekt verhalten? Kann er sich bei solcher Aufgabe nach Art des mittelalterlichen Plans gebärden oder aber nach Art des Karlsruher Stadtplans? Wenn die Straßen der alten deutschen Städte mit ihren bezaubernden Bildern keine architektonischen Kunstwerke im eigentlichen Sinn des Wortes sind, ihrem Wesen nach nicht sein können, so können sie natürlich auch keine Vorbilder des entwerfenden Architekten sein. Was der auf dem Papier zeichnet, das soll ja nur der Niederschlag klarer räumlicher Vorstellungen sein. Als solche lassen sich die alten krummen und winklichen Gassen und Plätze gar nicht fassen. (13, S. 236)

Es ist interessant, daß bei Ostendorf, der ja Ordinarius für mittelalterliche Baukunst ist, das Verständnis schon nicht mehr da ist, das die Generation vor ihm noch für die mittelalterliche Stadt als einer nicht nur gesellschaftlichen, sondern eben auch ingeniösen Leistung aufgebracht hat; er sieht dieses Stadtbild nur noch malerisch. Das Lehren in Stilformen ist an den Hochschulen zum reinen Formalismus geworden, dessen Sinn nicht einmal mehr die Lehrer einsehen.
Ostendorfs Schüler Karl Gruber 1959 in einem Gedenkvortrag über die Schäferschule:
> Auch in seiner Danziger Lehrtätigkeit versuchte Ostendorf aus der Enge, die ihm sein Lehrauftrag für Mittelalter vorschrieb, herauszukommen. Es war ja damals noch so, daß in ‚Stilen' entworfen wurde — der Mittelalterliche durfte nur in ‚gotisch oder romanisch'. Ostendorf hat sich nun mit seinem Kollegen für Antike und Renaissance dahin geeinigt, daß er ‚bis 1648' durfte, was uns heute fast grotesk vorkommt. (8, S. 137)

Es mag uns heute wirklich grotesk vorkommen, daß einer, dem Mittelalter nicht liegt, soviel Renaissance wie möglich für sich herausschlägt. Dabei sollte in unserer Zeit alles noch viel grotesker werden. Stil in der Architektur ist zum puren Kitsch verkommen. Stalins vaterländisch-pseudosozialistischer Terror schmückt sich mit Konditorsgotik, während der kapitalistische Konsumterror der Mc Donald und Genossen eine Bauerei bevorzugt, deren Architekten, wie etwa Venturi & Rauch, sich ausdrücklich auf die italienische Renaissance berufen.
Nein, wir wissen nicht mehr, wie es war, als sich die Dozenten darüber einigen mußten, wie sie die möglichen Stile unter sich aufteilen, wie es für den jungen Architekturstudenten war, der sich entscheiden mußte zwischen Mittelalter und Renaissance. Wenn auch, wie immer in solchen Fällen, vieles dem Zufall überlassen geblieben sein mag, so war dieser Zwang zur Wahl eben doch nicht ohne Sinn. Denn er forderte eine politische Entscheidung. Wer einer liberalistisch-kosmopolitischen Linie den Vorzug gab, der wählte Renaissance. Wer humanistisch-national dachte, entschied sich für das Mittelalter.
Auch heute muß jeder, der baut, eine politische Vorentscheidung treffen, muß eine bestimmte Grundposition beziehen, der eine ganz bestimmte, unverwechselbare Art entsprechen wird, Häuser zu bauen. Man muß das merken, auch wenn es nicht an der Oberfläche mit historistischen Stilformen annonciert wird.
Nur, wo wird das gelehrt?

Zweiter Teil

Faites votre salle aussi baraque que vous pouvez!
Ein Pariser Theaterdirektor
zu Gottfried Semper

Synthesen

Der Klassizismus hat eine Kennfarbe: weiß. Sie ist symbolisch — Farbe der Reinheit —, historisch begründen läßt sie sich nicht. Natürlich war das, was die Klassizisten beim Anblick der antiken Tempelruinen so begeisterte, nicht zuletzt das Weiß des Marmors, das aber weiter nichts ist als eine Verwitterungserscheinung. Deshalb nun zu sagen, der Klassizismus beruhe auf einem Irrtum, ist sicher falsch. Denn, daß die antike Stadt in Wirklichkeit bunt und laut war, unordentlich und nach Knoblauch stinkend, dafür hat es schon immer Belege gegeben. Die Stärke der Klassizisten beruht aber eben darauf, daß sie die wirkliche Antike nicht interessiert. Sie sind die ersten, die sich ganz bewußt vom historischen Vorbild frei machen, besser gesagt, das historische Vorbild nach ihren eigenen Wünschen erfinden, sich einen Ismus schaffen. Das reine Weiß ist die moderne Farbe schlechthin. Der Klassizismus ist ein synthetischer Stil, so wie ja auch Weiß die Synthese aus allen Regenbogenfarben ist.
Spätestens 1825 weiß jeder Archäologe, daß an den weißen Tempelruinen Reste von Bemalung nachgewiesen werden können. Semper fährt nach Neapel und Sizilien, sie wissenschaftlich aufzunehmen, und bringt sogar Proben zur chemischen Analyse mit nach Hause. 1834 erscheint seine Schrift: ‚Vorläufige Bemerkungen über bemalte Architektur und Plastik bei den Alten', zu deren Veröffentlichung ihn Friedrich Schinkel ausdrücklich ermuntert hat, die aber sofort auf Widerspruch bei den einge-

schworenen Klassizisten stößt, besonders bei deren Wortführer Franz Kugler (1808–1858). Und im Grunde auch bei Schinkel, der zwar einige prachtvolle farbige Architekturen entworfen hat, die aber nie gebaut worden sind. Sei es, daß sie keinen Anklang bei den Auftraggebern gefunden haben, sei es, daß er sie selbst nicht für wert gehalten hat, ausgeführt zu werden.

Wie sehr gerade Schinkel auf der Suche nach einer Baukunst ist, die ihr Vorbild nicht in archäologisch abgesicherter Nachahmung der Antike hat, geht aus dieser Betrachtung hervor:

Das Antike wirkt in seiner Größe und Festigkeit in den materiellen Massen, das Gothische durch den Geist. Daher ist es kühn, mit wenig materieller Masse viel bewirkt. Das Antike ist eitel, prunkvoll, weil die Verzierung daran ein Zufälliges ist, es ist das reine Verstandswerk ausgeprägt, daher dem physischen Leben mehr verwandt. Das Gothische verschmäht den bedeutungslosen Prunk, alles in ihm geht aus der reinen Idee hervor, deshalb hat es den Charakter der Nothwendigkeit, des Ernstes, der Würde und Erhebung. (15, S. 197)

Das Antike ist für die neue Baukunst wenig interessant, wenn ihm nicht das Gotische als Antithese gegenübergestellt wird. Allerdings, soweit Schinkel gotisch entwirft, gelingt ihm leider überhaupt nichts, alles bleibt bläßliche Dekoration. Er hat diesen Stil bald aufgegeben. Aber auch den griechischen Formen wendet er sich im Grunde nur soweit zu, als es die Mode oder der preußische Hof als Auftraggeber verlangen. Schon bald meint er:

Es wäre ein ärmliches Ding um die Baukunst (...), wenn alle nothwendigen besonderen Stücke wie z.B. bestimmte Säulenordnungen, Gesimse pp. in der Antike schon vorgerichtet und fertig dalägen und auf nichts zu sinnen wäre, als auf eine Zusammensetzung dieser Stücke, ein kärgliches Geschäft für den Verstand. (...)

Ängstliche Wiederholung gewisser Anordnungen in der Architectur, die in einer gewissen Zeit üblich waren, können nie ein besonderes Verdienst neuer Architecturwerke sein.

Jede Hauptzeit hat ihren Styl hinterlassen in der Baukunst, warum sollen wir nicht versuchen, warum sich nicht auch für die unsrige ein Styl auffinden läßt? (...)

Ist das ein Verdienst, die Reinheit jeden Styls aufzufassen – so ist es noch ein größeres, einen reinen Styl im Allgemeinen zu erdenken, der dem Besten, was in jedem andern geleistet ist, nicht widerspricht. Dieser neue Styl wird deshalb nicht so aus allem Vorhandenen und

22 Schinkel, Entwurf eines Domes 1819

Früheren heraustreten, daß er ein Phantasma ist, welches sich schwer allen aufdringen und verständlich werden würde, im Gegentheil, mancher wird kaum das Neue darin bemerken, dessen größtes Verdienst mehr in der consequenten Anwendung einer Menge im Zeitlaufe gemachter Erfindungen liegen wird, die früherhin nicht kunstgemäß vereinigt werden konnten. (15, S. 193f.)

Kunstgemäße Vereinigung einer Menge früherer Erfindungen, was kann das sein? 1819, als in Berlin ein deutscher Nationaldom gebaut werden soll, macht Schinkel einen eigenwilligen Entwurf. Dieser Dom soll, nach seinen Vorstellungen, eine Synthese aus dem griechischen Tempel und der gotischen Kathedrale sein. Das wird zum Fiasko. Da taucht als Chor das antike Motiv des zentralen Kuppelraums auf, verbrämt mit gotischen Formen ohne konstruktiven Sinn, da wird der Bau mit Langhaus und Westwerk auf einen Tempelsockel gestellt – kurz, alles ist gewollt und verkrampft, und man sieht es ihm nur zu gut an. (Abb. 22)

23 Schinkel, Die Berliner Bauakademie 1835

Aber das Thema der Stilsynthese bleibt auf der Tagesordnung. 1826, auf einer Reise durch England sieht er zum ersten Mal moderne Industriebauten, die mit keinerlei historischer Stilform verbrämt sind. Zunächst noch voll Verwirrung, schreibt er an seine Frau:
> In Manchester, wo wir gestern waren, sind seit dem Kriege 400 neue große Fabriken für Baumwollspinnerei entstanden, unter denen mehrere Gebäudeanlagen in der Größe des königlichen Schlosses zu Berlin stehen, tausende von rauchenden Obelisken der Dampfmaschinen ringsum, deren Höhe von 80 bis 180 Fuß allen Eindruck der Kirchthürme zerstört. (15, S. 174)

Aber er kann nicht verbergen, daß ihn das Unheimliche doch auch beeindruckt:
> Die ungeheuren Baumassen in Manchester, bloß von einem Werkmeister ohne alle Architectur und nur für das nackteste Bedürfnis allein aus rotem Backstein, machen einen höchst unheimlichen Eindruck (...). Die tausende von rauchenden Obelisken gewähren einen grandiosen Anblick. (7, S. 20)

Manchester ist Schinkels entscheidendes Aha-Erlebnis. Er löst sich jetzt vom Bauen in historischen Stilen, weil er begreift, daß, wenn die Synthese aus antiker und mittelalterlicher Baukunst gelingen soll, aus ihr ein neuer Stil hervorgehen muß, der die beiden Antithesen dadurch überwindet, daß er letztlich das Prinzip Architektur aufhebt.

So ist der Entwurf der Berliner Bauakademie von 1835 zu verstehen (Abb. 23), den der Schinkelkenner August Grisebach analysiert:
> Die eigentümliche Bedeutung der Bauakademie beruht auf der Verbindung konstruktiver Prinzipien der Gotik mit der Flächengliederung und Formensprache klassischer Herkunft. Schinkel gibt dem gotischen Gerüst, das die gewölbten Räume verlangen, durch Strebepfeiler sichtbaren Ausdruck. Er folgt der mittelalterlichen Denkweise, von innen heraus die Fassade zu gliedern, auch darin, daß er im oberen Geschoß aus Rücksicht auf die andere Raumbestimmung — Dienst-und Wohnräume lagen über den Zeichen- und Hörsälen des ersten Stockwerks — die Fenster verkleinert und sie im Mezzanin zu Dreiergruppen sondert. Aber sein klassisches Empfinden fordert zugleich, daß eine Flächenproportion für die Fronten in Geltung bleibt, die, ohne den inneren Organismus zu vergewaltigen, doch ihr eigenes rhythmisches Leben nicht opfert. Wie ein Symbol des Schinkelschen Strebens erscheint im Relief der Türlaibungen der Akanthus verbunden mit dem Eichenblatt und dem Ahorn. Im

übrigen sind der schöne Terrakottaschmuck und vor allem die architektonischen Glieder, mit Ausnahme von einzelnem mittelalterlichen Lehngut, klassischen Gepräges. Denn das unterscheidet ein Werk wie die Bauakademie von früheren Stilexperimenten aus der Zeit der Petrikirche, daß das Problem nicht mehr in einer Verknüpfung heterogener Formen gesehen wird, vielmehr in einer Durchdringung architektonischer Prinzipien, der gotischen Struktur mit der Flächenproportionierung des klassischen Fassadensystems. So kommt in der Bauakademie (...) jenes Streben nach einem Ideal zum Ausdruck, das in der Geistesgeschichte der Epoche eine bedeutsame Rolle spielt: der Vermählung des Heidnischen und Christlichen, des Hellenischen und Vaterländischen, des Klassischen und Romantischen. (7, S. 134f.)

Schinkel hat in diesem Sinne einiges entworfen: 1829 das Haus des Ofenfabrikanten Feilner, 1828 die Packhofanlagen am Kupfergraben – alles das wie auch die Bauakademie für immer verlorengegangen, anderes gar nicht gebaut, so ein sehr schönes Kaufhaus, Entwurf von 1827, hufeisenförmige zweigeschossige Anlage um einen Gartenhof mit leichten Sonnensegeln vor den Schaufenstern, etwas dem Pariser Palais Royal nachempfunden. Er wollte mit diesen Bauten, wo nicht einen europäischen, so doch einen nationalen Stil begründen. Das ist ihm sicher nicht gelungen, wenn man unter Stil die einheitlich geschlossene Baukunst einer Zeit versteht, aber Folgen hat es doch. Zumindest hat er vorweggenommen, was sich später an verschiedenen Orten, sogar in Nordamerika, entwickelt hat.

Bevor ich mich der in dieser Hinsicht besonders zu würdigenden Chicago School zuwende, vielleicht noch ein Hinweis auf zwei Franzosen, die – freilich ohne daß eine unmittelbare Verbindung zu Schinkel bestünde – in einem Stil bauen, der sich von historischen Formelementen freigemacht hat.

Victor Balthard (1805–1874) errichtet in Paris 1853 die Markthallen. (Abb. 24) Man hat das prachtvolle Ensemble erst kürzlich vollständig zerstört, obwohl man sich seines baukünstlerischen Wertes vollauf bewußt war. Und das nur, weil die Behörden glaubten, es habe einen negativen Symbolwert, stehe für die jahrzehntelange Unfähigkeit, in Paris eine moderne Lebensmittelversorgung zu organisieren.

Juges Saulnier (1817–1881) ist ab 1860 Hausarchitekt der Menierschen Schokoladenfabrik in Noisiel-sur-Marne. 1871 errichtet er dort ein Gebäude für die turbinengetriebenen Kakaomühlen, dreigeschossig, quer

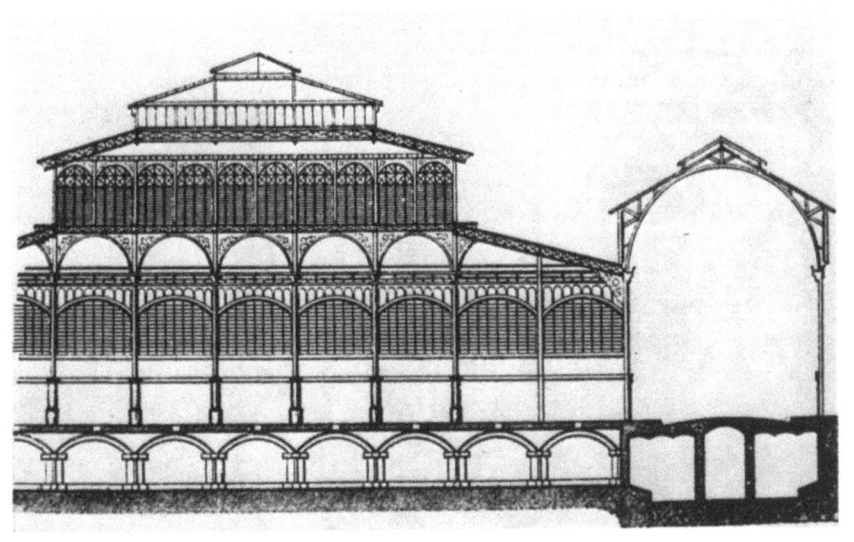

24 Balthard, Die Pariser Markthallen 1853

25 Saulnier, Fassadenausschnitt der Menierschen Fabrikmühle 1871

über die Marne gesetzt, in Stahlskelett-Ziegel-Verbundbauweise *. Es wird gelegentlich behauptet, es sei der erste reine Stahlskelettbau überhaupt gewesen, ich will das nicht nachprüfen, es kommt auch darauf an, wie man das verstehen soll. In ganz anderer Hinsicht ist es aber ein exemplarischer Bau. Die Querversteifung des Stahlskeletts erfolgt in der Außenwand durch kreuzweise angeordnete Diagonalbinder (Abb. 25). Diese sind mit Hohlziegelmauerwerk ausgefacht, das mit dekorativ glasierten Keramikplatten verkleidet ist, deren Außenseite mit den Außenflanschen der Stahlprofile bündig liegt. Abgesehen von den Fensterlaibungen hat diese Fassade also keinerlei Vor- und Rücksprünge, die Kondensationskerne für architektonische Gestaltung sein könnten. Vielmehr bilden die tragenden Elemente ein rautenförmiges Ornament, das, wie beim Fachwerkbau immer, die statischen Gegebenheiten unmittelbar sichtbar macht. Das würde heute für einen sachlichen Industriebau genügen. Aber damals verlangte der eklektizistische Bedeutungscode für Schokolade einen maurischen Stil. Der kommt der Sache durchaus entgegen. Denn die islamische Baukunst gliedert die Bauten ja selten durch Architekturelemente, sie bevorzugt den glatten Körper, den sie mit bemalten und beschrifteten Keramikplatten verkleidet. Saulnier findet die west-östliche Synthese, indem er das sichtbare Stahlskelett als rein dekoratives Rautenmuster behandelt, als Gerippe eines musivischen Ornaments, das auf die Verblender glasiert ist, arabisierende Formen, stilisierte Kakaoblüten, das Meniersche M, und das von Architekturformen völlig frei ist. Also die eklektizistische Fassade in letzter Konsequenz, ein flaches Schokoladenreklame-Plakat. Oder, um es nicht ganz so billig zu machen, ein steingewordener Orientteppich. Mithin, zwar nicht konstruktiv, aber dekorativ Sempers raumabschließende Textilwand, die hier ihre formal unanfechtbare Ausbildung gefunden hat.

---

* Nicht alle Gebäude des Etablissements haben den baukünstlerischen Rang des Mühlenhauses, trotzdem ist das Ensemble beachtenswert als Beispiel für Architektur als kapitalistischem Herrschaftsinstrument. Abgesehen von der Fabrikantenvilla, hier noch ganz im antiken Sinn verstanden als großer Park mit klassizistischen Landhäusern, besteht der Fabrikkomplex aus umfangreichen, in einem provinzialrömischen Stil gehaltenen Produktionshallen, Kraftwerken, Lagerhäusern und Hafenanlagen, was auch heute noch, wo vieles dem Verfall preisgegeben ist, die Arbeiterhäuser sogar abgerissen, einen starken Eindruck macht. Die Kleinstadt Noisiel, deren Rathaus, um die Stileinheit zu wahren, gleich mit in das Ensemble hineingebaut wurde, wird von dieser Anlage massenmäßig völlig erdrückt.

1896 schreibt Louis Sullivan (1856–1924), der bedeutendste Architekt seiner Zeit in Chicago, über den Entwurf von Bürohochhäusern:
Büros sind notwendig für die Erledigung der Verwaltungsarbeiten; die Erfindung und Vervollkommnung des Expreßliftes macht die Vertikalbeförderung, die einst schwierig und mühsam war, jetzt leicht und bequem; die Entwicklung der Stahlproduktion hat den Weg zu sicheren, standfesten, wirtschaftlichen Konstruktionen geebnet, die eine beträchtliche Höhe erreichen; das ständige Anwachsen der Bevölkerung, die Anhäufung in den Zentren und die Erhöhung des Grundstückswertes bedingen eine Erhöhung der Stockwerkszahl; dadurch, daß mit Erfolg immer mehr Stockwerke aufeinandergesetzt werden, wird der Grundstückswert beeinflußt usw. – so daß nun, durch Aktion und Reaktion, Interaktion und Interreaktion diese Form des hohen Gebäudes zustande kam, die man das moderne Bürogebäude nennt (...).
Wie sollen wir aus der schwindelnden Höhe dieses so andersartigen, unheimlichen, modernen Hauses die frohe Botschaft des Gefühls, der Schönheit – den Kult des höheren Lebens verkünden? Das ist das Problem; und wir müssen seine Lösung in einem seiner eigenen Evolution analogen Prozeß suchen – das heißt, in einer Fortsetzung dieses Prozesses (...).
Gebraucht werden:
1. Ein Untergeschoß zur Aufnahme von Boilern, Maschinen der verschiedensten Art, z.B. der Anlage für Strom, Heizung, Beleuchtung.
2. Ein Erdgeschoß für Läden, Banken oder andere Etablissements, die eine große Fläche, viel Raum und viel Licht erfordern und leicht zugänglich sein müssen.
3. Eine zweite Etage, die leicht über Treppen zu erreichen ist – im allgemeinen mit großen Unterteilungen, entsprechend weitläufig angelegter Struktur, ausgedehnten Glasflächen und breiten Fensteröffnungen.
4. Darüber eine unbestimmte Anzahl aufeinander geschichteter Bürogeschosse, eine Etage wie die andere – jedes Büro eine Wabe in einem Bienenstock, nur eine Zelle und nichts weiteres.
5. Ein letztes auf alle diese vorgenannten aufgesetztes Stockwerk, das in bezug auf organische Zweckmäßigkeit der Struktur rein physiolo-

▶ 26 Sullivan, Guaranty-Building, Buffalo N. Y. 1895

gischer Art ist: das Dachgeschoß. Hier vollendet sich der Kreislauf und macht seine große Wendung abwärts. Der Raum ist angefüllt mit Behältern, Rohren, Ventilen, Rädern und sonstigen mechanischen Dingen, die eine Ergänzung der im Keller befindlichen Kraftanlage darstellen. Zuletzt — oder vielmehr zuerst — muß im Erdgeschoß noch ein gemeinsamer Haupteingang für alle Kunden bzw. im Hause Beschäftigten vorgesehen werden.

Dem Erdgeschoß geben wir einen Haupteingang, der den Blick auf sich zieht, und den Rest des Stockwerks statten wir mehr oder weniger großzügig aus — entsprechend den praktischen Notwendigkeiten, aber so, daß alles weit und frei wirkt. Die zweite Etage wird ähnlich, aber im Allgemeinen etwas weniger großzügig geplant. Die Anlage der übrigen Stockwerke richtet sich nach der einzelnen ‚Zelle', für die ein Fenster mit Pfeiler, Sims und Sturz vorgesehen wird; ein Raum soll wie der andere aussehen, weil einer genau so *ist* wie der andere. Zuletzt kommen wir zum Dachgeschoß, das, da es nicht in Bürozellen unterteilt wird und keine besonderen Vorrichtungen für Beleuchtung erfordert, uns die Möglichkeit gibt, durch breit angelegtes Mauerwerk von beherrschendem, wuchtigem Charakter deutlich zu machen, daß die Reihe der Büroetagen hier endgültig abgeschlossen wird.

Aber wenn auch an unserem Gebäude alles dieses in beträchtlichem Maße erkennbar ist, so sind wir doch noch weit entfernt von der richtigen Lösung des Problems, die ich mir zur Aufgabe gemacht habe. Wir müssen jetzt auf die befehlende Stimme der Emotion hören. Sie fragt uns: Welches ist das Hauptmerkmal des großen Bürogebäudes? Und wir antworten sofort: Es ist sehr hoch. Und diese seine Höhe ist, vom Künstler aus gesehen, sein erregendes Merkmal. Sie ist der mächtig schwingende, aufrufende Orgelton. Und das Gebäude hinwiederum muß der Dominantakkord dieses Tones, der die Vorstellung reizt, zum Ausdruck bringen. Es muß hoch sein — jeder Zoll an ihm muß hoch sein. Die Kraft und Gewalt der Höhe müssen in ihm sein — der Glanz und der Stolz der Begeisterung. Der Mann, der in diesem Geist und im Gefühl der Verantwortung seiner Generation gegenüber plant und entwirft, darf kein Feigling, kein Bücherwurm, kein Dilletant sein. Er muß leben im vollsten Sinn — aus seinem Leben und für sein Leben. Er muß sofort, von Inspiration erfüllt, erkennen, daß das Problem des großen Bürogebäudes eine der wunderbarsten, herrlichsten Gelegenheiten ist, die

der Herr der Natur in Seiner Güte dem stolzen Menschengeist jemals dargeboten hat. (14, S. 144ff.)
Wir wollen uns nichts vormachen: das ist ganz schön gesponnen. Aber es ist etwas vollkommen anderes als das, was die europäischen Jugendstiltheoretiker in Begeisterung versetzt. Was hier zu Wort kommt, ist ganz und gar uneuropäisch, durch und durch amerikanisch. Die Architekturschule von Chicago, die ihre Hochblüte zwischen 1870 und 1893 hat, macht sich zum Vorreiter einer amerikanischen Architektur. Und das heißt nicht: einer nationalistischen Architektur, Amerika steht hier für Demokratie — Demokratie, wie sie ihre philosophische Grundlage etwa im Institutionalismus eines Thorstein Veblen (1857—1929) hat, dieser radikalen Absage an die müßiggehenden Klassen und ihre demonstrative Verschwendung, ja, selbst noch an den berufsmäßigen Müßiggang der Pfaffen und Höflinge. Oder im Instrumentalismus, den John Dewey (1859—1952) aus dem Denken William James' (1842—1910) entwickelt hat, der keine vorgegebenen Wahrheiten gelten läßt, Materialismus, Idealismus, ja, selbst den Begriff der Seele verwirft, sondern einen Menschen annimmt, der sich als Individuum seine Erfahrungen selbst organisiert, Wahrheiten, die Erzeugnisse produktiver, erfinderischer Arbeit sind. Einen Menschen, der sich der Gesellschaft anpaßt, ohne seine Individualität aufzugeben oder gar Belohnung für seine Anpassung zu erwarten. Die amerikanische Demokratie ist in einem sehr positiven Sinne anarchisch: grundsätzlich nicht antikapitalistisch, lehnt sie doch jedes risikolos und spekulativ eingesetzte Kapital ab; grundsätzlich nicht antisozialistisch, hält sie nichts von einer Sozialisierung des Eigentums.
Diese Synthese von materialistischem Liberalismus und idealistischem Humanismus spiegelt sich in der Synthese von antiker und gotischer Architektur wider. Was Sullivan und sein Kreis bauen, hat verblüffende äußerliche Ähnlichkeit mit den Entwürfen, die Schinkel vierzig oder sechzig Jahre früher, wenn auch in viel kleinerem Maß gemacht hat. (Abb. 26) Und wenn die Chicago School auch immer gerne betont, von europäischen Einflüssen weitgehend frei zu sein, so ist das Wesen ihrer Baukunst doch gerade da begründet, wo auch das Wesen der Baukunst der deutschen Romantik begründet ist: in der Aufhebung des klassischen Architekturbegriffs.
Die amerikanische Architektur hat, weil sie auf das Palladian der englischen Kolonialarchitektur zurückgeht, eine alte klassizistische Tradition. Sie muß aber in der Pionierzeit mit dem Baumaterial auskommen, das sie an Ort und Stelle vorfindet, und das ist in den seltensten Fällen Stein oder

27 Palladianische Holzarchitektur in Nevada um 1860

auch nur Ziegel, immer aber Holz. Typisch ist daher der klassizistisch kaschierte Holz-Skelettbau, der seine technischen Wurzeln im mittelalterlichen Fachwerkbau hat. (Abb. 27) Anders als in Europa werden in den USA nicht mittelalterliche Baustile als Symbol regionalistischer Abgrenzungsmanöver eingesetzt, sondern mittelalterliche Bautechniken aus Gründen der Zweckmäßigkeit. Die Verbindung des klassizistischen Formenschatzes mit dieser Konstruktionstechnik ist nicht intellektuelles Programm, sondern organisch gewachsen. Von diesem Holzhaus führt ein gerader Weg über das mehrgeschossige Gußeisenskeletthaus bis zum Stahlskeletthochhaus Sullivans.

Die Geschichte der amerikanischen Baukunst ist die Geschichte des amerikanischen Menschen, der als Pionier in neue Räume vordringt und sich diese Räume bewohnbar macht – persönlich durch Hausbau, gesellschaftlich durch die Institution Demokratie. Diese nordamerikanisch-angelsächsische Demokratie gründet auf dem, was Dewey das ‚natürliche Denken' nennt. Erste Aufgabe seines Instrumentalismus ist daher die Schulung des Denkens, sein Training zum Instrument der Selbstbehauptung. Philosophie ist also nicht zweckfreies Lösen von angeblichen Welträtseln, sondern Pädagogik. In diesem Sinne will auch Sullivan Bauen als Pädagogik verstanden wissen. Über die Erziehung des jungen Architekten sagt er:

Dieser Geist des jungen Menschen muß darauf vorbereitet werden, an den weittragenden Veränderungen, die sich jetzt anbahnen, mitzuwirken; er wird sie in ihrer majestätischen Einfachheit, Größe und Klarheit erkennen, sobald die Sonne der Demokratie sich um ein weniges höher am Firmament der Menschheit erhebt und Geist und Willen des Individuums, Geist und Willen von Millionen Menschen stetig und eindringlich erleuchtet.

Man muß ihn lehren, daß das Ziel der Zivilisation ein höheres ist als das der materiellen Geschäfte – daß es im Geist und im Herzen zu finden ist.

Ich gehöre nicht zu denjenigen, die an schlaffe Methoden glauben; ich rate im Gegenteil zu energischem, sorgfältigem, exaktem Training, das den Verstand befähigen soll, sich auszudehnen und große Dinge zu erfassen – gleichzeitig aber auch in ihrem Zusammenhang die Bedeutung kleinerer Dinge zu erkennen, Quantität und Qualität genau zu unterscheiden, persönliche Urteilskraft, Leistungsfähigkeit und Unabhängigkeit zu entwickeln.

> Ich will den Träumer der Träume hegen, denn in ihm schafft die Natur, während die Menschheit schlummert.
> Ich will die Kunst des Träumens lehren — ebenso wie ich die Wissenschaft des Denkens und den Wert des Handelns lehren will.
> Die Demokratie sollte ihre Träumer nicht zugrunde gehen lassen; sie sind ihr Leben und ihre Sicherung gegen den Untergang.
> So will ich den Grundstein legen zu einer Generation echter Architekten — echt, weil aufrichtig, Männer und Träumer der Tat. (14, S. 149f.)

Was dieses pädagogische Programm meint, welches Selbstverständnis dahintersteht, das sagt Sherman Paul in seiner Biographie Sullivans:

> Er lehnte die Logik ab und befürwortete die Berücksichtigung der tatsächlichen Denkweise der Menschen; er ersetzte den Formalismus durch den Historismus; und er sah die Kultur als etwas Organisches, als ein lebendiges Ganzes an. Was er baute und schrieb, war ein Zeugnis seiner wissenschaftlichen Einstellung und der organischen Richtung seines Denkens; es brachte die frühere Erlebensphilosophie, die er bei Whitman gefunden hatte, zum Ausdruck und verschmolz sie mit der späteren Philosophie von Männern wie James und Dewey; und wie nichts anderes in jener Zeit verband er die Idee des Organischen mit der Idee der Demokratie. Denn Demokratie, so glaubte Sullivan, ist mehr als Politik; sie hat nichts zu tun mit dem abstrakten Begriff der natürlichen Menschenrechte — dafür aber sehr viel mit den tatsächlichen natürlichen Kräften des Menschen. Sie ist eine Art des Denkens und Lebens, eine Möglichkeit zur schöpferischen, ehrlichen, natürlichen — und sozialen Verwendung der Kräfte. (...)
> Die Demokratie (...) fordert, daß der Mensch ins ‚Freie' komme, daß er seine Kräfte löse. Sie würde das Gleichgewicht zwischen dem, was der Mensch in sich selbst, und dem, was er außerhalb seiner selbst vorfindet, herstellen; sie würde ihm ein Heim im Universum gründen und seinen ‚Ankerplatz' sichern. (...)
> Die Demokratie ist ein psychologischer Zustand, dessen Herstellung eine stärkere Therapie erfordert, als die politische Reform sie darstellt. Eine Bekehrung ist notwendig, ein neuer Glauben an den Menschen, ein Bejahen des Lebens. (14, S. 98)

Diese Philosophie der Demokratie ist das ureigenste Kind des amerikanischen Mittelwestens. Sie ist nicht nur in Europa weithin unbekannt, sondern sie wird von den europäischen Philosophen geradezu verachtet, weil sie nicht ‚tief' genug ist, sich dem Leben zuwendet, anstatt nach dem

Sein an sich zu fragen — sie ist auch nicht Sache der Ostküstenleute, die sich immer noch Europa näher fühlen als dem eigenen Hinterland. Diese Isolation ist für Chicago und seine Architekten tödlich. 1893 findet dort die Columbian Exhibition statt, deren Forum Maßstäbe setzen soll für das neue amerikanische Stadtbild. Es hätte ein Triumph für die Baukunst Chicagos werden können, aber die Architekten der Ostküste haben im vorbereitenden Komitee die Mehrheit. Sie setzen den spätrömischen Stil durch, der für den von ihnen längst akzeptierten kapitalistischen Imperialismus steht. Zwar billigt man Sullivan zu, daß er sich nicht diesem Geschmacksdiktat beugen muß, aber seine Maschinenhalle darf nicht am Forum stehen, muß sich hinter andern Gebäuden verstecken. Alle andern Meister der Chicago-School fallen um. Es ist nicht nur eine totale Schlappe für die amerikanische Architektur — für die nächsten vierzig und mehr Jahre bleibt der spätrömische Stil in den USA verbindlich —, es ist vor allem ein Sieg der multinationalen Konzerne über die demokratischen Ideale des Mittelwestens. Der amerikanische Bauhistoriker J. M. Fitch:

Ein so plötzlicher Wechsel der ästhetischen Maßstäbe läßt sich nicht anhand von ästhetischen Begriffen erklären, sondern nur von den grundlegenden Veränderungen der amerikanischen Gesellschaft her. Um die Jahrhundertwende war die moderne Struktur des Monopols im wesentlichen voll entwickelt und von den Kapitalisten Chicagos übernommen worden. Als diese die bis dahin üblichen Teilhaberschaften gegen die nationalen Trusts eintauschten, bedeutete das mehr als nur den Erwerb von Aktien und Obligationen der Wallstreet: sie tauschten auch die letzten Reste ihrer provinziellen Demokratie gegen die Wallstreet-Ideologie ein. (4, S. 210)

Sullivan ist erledigt. Er verliert seinen Einfluß, sein Büro, sein Haus, sein Vermögen, seine Freunde und seine Frau. Erst Jahrzehnte später gelingt es seinem bedeutendsten Schüler, dem amerikanischsten Architekten überhaupt, Frank Lloyd Wright (1869–1959), wieder ein Reservat für die Baukunst der amerikanischen Demokratie zu schaffen. In Europa hat man diese Vorstellung von Demokratie nie begriffen, und leider ist es den Amerikanern, die nach dem Zweiten Weltkrieg zu uns kamen, nicht mehr möglich gewesen, sie zur Grundlage ihrer Umerziehung zu machen, sie war ihnen selbst wohl schon verlorengegangen. Aber noch 1910 hatte Frank Lloyd Wright im Vorwort zu einer in Deutschland erschienenen Mappe mit seinen Entwürfen geschrieben:

In Amerika — einer demokratischen Republik — stellt sich dieses neue Architekturproblem mehr als in jeder anderen Nation. Seine

Institutionen sind (wie man erklärt) im demokratischen Geist begründet. Das müßte bedeuten, daß unser Land eine Lebensprämie auf Individualität setzen sollte: Individualität als die höchstmögliche Entwicklung des Einzelnen in Übereinstimmung mit einem harmonischen Ganzen verstanden. Denn ein ‚Ganzes', das durch die Aufopferung jener Eigenschaft in dem Einzelnen, die man mit Recht als seine ‚Individualität' betrachtet, entsteht, kann sich nicht entwickeln, ja, wird in die Irre gehen. (...)
In Amerika besitzt also jeder Mensch tatsächlich dieses besondere unveräußerliche Recht, sein Leben im eigenen Haus auf eigene Weise zu leben. Er ist mindestens dort Pionier – im eigentlichen Sinn des Wortes. So kann er seine häusliche Umgebung fortschrittlich gestalten und ihr seinen Charakter aufprägen, mit Hilfe seines ‚Geschmacks' und besser noch seiner Ideen, falls er solche hat. Doch hat nicht jeder irgendwo welche? (21, S. 94f.)
Ich glaube nicht, daß man damals in Deutschland verstanden hat, was an dieser Architektur revolutionär ist. Daß hinter den Bauformen, die man als eine amerikanische Spielart des Jugendstils akzeptiert haben mag, ein Denken steht, das sich gegen den europäischen Geist auflehnt. Und auch heute noch macht sich kaum jemand klar, daß dieses ‚besondere unveräußerliche Recht, sein Leben im eigenen Haus auf eigene Weise zu leben' bei uns nicht besteht, wo kleinkarierte Bauleitplaner und Bauaufsichtsbeamte ihre privaten Schönheitsideale zur verbindlichen Norm erklären können, vom Gesetz ermächtigt sind, sie jedem Bauherrn aufzuzwingen. In Europa, wo Demokratie weiter nichts ist als ein staatsrechtliches Verfahrensprinzip, fehlt eine von der Demokratie durchdrungene Kultur und damit eine demokratische Baukunst.
Und deshalb ist Schinkel, bei aller formaler Ähnlichkeit, wirklich nicht der Ahne von Louis Sullivan und Frank Lloyd Wright.

*

Ich habe eingangs von der Faszination gesprochen, die von Piranesis Graphik ausgeht, diesen Städtebildern, auf denen die Welt mit Architektur verbaut ist, ich habe sie als Zeichen dafür gedeutet, daß die Menschen in dieser Zeit angefangen haben, Architektur als eine lebensfeindliche Macht zu empfinden. Aber ist in diesen Idealarchitekturen, die nur noch den Kerker idealisieren, nicht auch eine andere Kraft spürbar: Hoffnung? Rom, nicht nur zerstört und verbaut, sondern auch eine Stadt, die Möglichkeiten hat. So sehr diese Welt etwas Zugebautes, Undurchdringliches zu sein vorgibt, so sehr hat sie auch einen Aspekt des Verheißungsvollen. Man wünscht gelegentlich sogar, die Carceri möchten gebaut worden sein, damit man darin umhergehen kann, sich faszinieren lassen von den Proportionen, den Überschneidungen und Raumdurchdringungen, immer auf der Suche nach dem Ausgang, nach der freien Welt, die dieses Gebaute anzukündigen scheint.

Vielleicht wären die Carceri ein ganz passabler Aufenthaltsort. Denn gerade dort, wo das Kanonische umkippt, ins Gegenteil, ins Anarchische fällt, ist doch auch in besonderem Maße das Verheißungsvolle präsent. Das harte Nebeneinander von Schlaglicht und Schatten, die Persepktiven der Treppen, Bögen, Balken, Geländer, Seile — aber nirgends Wand, Boden oder Decke — machen es unmöglich, eine Entscheidung darüber zu fällen, wo überhaupt Raum anfängt oder Raum aufhört, ob man wirklich Gefangener ist oder doch nicht eher Beherrscher dieser Umwelt. Wenn es wirklich eine Parallele gibt zwischen Architektur und Musik, dann haben die Carceri das, was der Jazzer ‚drive' nennt, sind sie, analog zur ‚rag time', zur zerfetzten musikalischen Zeit, ‚rag space', zerfetzer architektonischer Raum. Also ganz modern, weit über den in der Baukunst und in der Musik streng geometrisierenden Barock hinausreichend. Dieses Zersprengen des geometrisch vermeßbaren Raums ist schon weitgehend antiarchitektonisch, wirkt befreiend, so als wolle es darauf verweisen, daß ein Neues Bauen kommen muß und kommen wird.

Es kommt schon bald. Keine achzig Jahre später wird so nicht nur entworfen, sondern auch gebaut. Von Schinkel. Nicht ganz so fiebrig und ausufernd, aber doch für einen Klassizisten sehr kühn. Gliederung des Raums durch eine Architektur, die sich in Auflösung befindet, Unklarheit darüber, wo die Grenzen zwischen Außen und Innen verlaufen, Raumdurchdringungen und Perspektiven, verheißungsvolle Ausblicke.

Schinkel findet in Friedrich Wilhelm von Preußen (1795–1861), dem damaligen Kronprinzen nicht nur einen hochgestellten Gönner, der künstlerisch begabte Hohenzoller bildet mit ihm und Ludwig Persius (1803–1845) ein Baumeisterteam, das einen unverwechselbaren Stil findet, die sogenannte ‚Potsdamer Landschaftsbaukunst', in der sich eine unarchitektonische, romantische Sehnsucht nach Arkadien äußert und die doch absolut antimediterran ist, nordisch-preußisch.

Schon das Treppenhaus im Museum am Lustgarten (Abb. 28), eines an sich noch sehr beherrschten, streng klassizistischen Bauwerks, ist so ein Raum, wo Außen nach innen hereinkommt, in den von ferne wie eine

28 Schinkel, Das Gärtnerhaus Charlottenhof 1830

29 Schinkel, Entwurf zum Treppenhaus des Berliner Museums 1822

Verheißung die Stadt hineinschimmert. Das ist 1830. 1833 dann das Gärtnerhaus in Sanssouci-Charlottenhof (Abb. 29), eine Kompilation sich gegenseitig durchdringender Baukörper, abgeschlossene Wohnungen, offene Veranden unter den Dächern oder auf dem Turm, lang hingezogene Pergolen, Gärten, Pflanzen und Wasserläufe in das Gebaute hineingenommen, das Gebaute in die Gärten hinausgerückt. Unklarheit über Grenzen, Fluchten und Abschlüsse als oberstes Gestaltungsprinzip.

1834, auf Drängen des Kronprinzen und Max' von Bayern, Entwurf eines Palastes für Otto von Griechenland auf der Athener Akropolis, nie gebaut. An das Parthenon südöstlich anschließend und auf einen parallel zu diesem angelegten Quadratraster bezogen, eine fassadenlose Anlage, Folge von Raumumschließungen, Höfen und Gärten. Charakteristisch der große Empfangssaal (Abb. 30), sehr unseriös in der Auffassung, für den

30 Schinkel, Entwurf zum Athener Empfangssaal 1834

Hauptraum eines Schlosses wenig Würde, alles mehr Schaubude, Zirkus, auf Effekt hin gemacht, scheinbar aus transportablen Baukastenelementen schnell zusammengesetzt, ebenso leicht wieder fortzubringen. Korinthische Stilelemente, zwei Säulen, vor jeder Wand freistehend, tragen ein unantikes Gitterwerk, verziert mit allerhand vergoldeten Tieren, dieses wiederum Träger der fünf offen gezeigten Dachbinder aus buntbemaltem Holz, das ist alles, als gälte es zu dokumentieren, daß man nichts gemein haben will mit der bisher immer für zeitlos angesehenen Größe hellenistischer Bauten, in die man sich doch mitten hineingesetzt hat. Aus diesem Saal blickt man hinaus – keinerlei Tür oder Tor hindert einem daran – auf ein verheißungsvolles preußisch-arkadisches Innenhöfchen, wo die Zitronen blüh'n, ein Gärtchen mit Säulenumgang, von dem man wieder nicht weiß: ist es ein Außenraum oder ein Zimmer ohne Decke? So etwas ist im Grunde nicht zu bauen, und es wurde ja auch nicht gebaut.

Was denkt sich Schinkel, wenn er so entwirft?

In der Baukunst muß wie in jeder Kunst Leben sichtbar werden. Man muß die Handlung des Gestaltens der Idee sehen, und wie die ganze bildliche Natur ihr zu Gebote steht und sich herandrängt, um ihrem Willen zu genügen. (...)

Das Werk der Baukunst muß nicht dastehen als ein abgeschlossener Gegenstand, die echte, wahre Imagination, die einmal in den Strom der in ihm ausgesprochenen Idee heingerathen ist, muß ewig von diesem Werk aus weit fortgestalten und ins Unendliche hinausführen. Es muß dasselbe als den Punkt betrachten, von welchem aus ganz in der Ordnung eingegangen werden kann in die unzertrennliche Kette des ganzen Universums. Ein Streben, ein Sprossen, ein Crystallisieren, ein Aufschließen, ein Drängen, ein Spalten, ein Fügen, ein Treiben, ein Schweben, ein Ziehen, ein Drücken, Biegen, Tragen, Setzen, Schwingen, Verbinden, Halten, ein Liegen und Ruhen, welches letztere aber hier im Gegensatz mit den bewegten Eigenschaften auch absichtlich sichtbarlich Lagern und insofern als ein lebendiges Handeln gedacht werden muß: dies sind die Leben andeutenden Erfordernisse in der Architectur. (15, 192 f.)

Vielleicht ist gerade Berlin der Platz, wo so eine offene, sich als Provisorium gebende Baukunst einen besonderen Nährboden findet. Berlin, Hauptstadt eines Landes mit fließenden Grenzen, Preußen, eher politische Realität als geographische, wo ein gewisser Kolonialgeist herrscht, der das

Provisorium notwendig macht. Und obwohl es nach Schinkels und Persius' Tod keine wirklichen Nachfolger gibt, bleibt doch ihr Geist lebendig und ist heute vielleicht lebendiger denn je, wo Berlins Zustand provisorischer ist als der irgendeiner Stadt der Welt.

Hugo Häring ist ohne Berlin nicht denkbar. In den zwanziger Jahren ist er dort Sekretär einer Architektenvereinigung, ‚Der Ring', und damit der führende Kopf einer Gruppe Künstler, die sich gegen eine von ihnen nicht anerkannte Autorität der staatlichen Bau- und Kulturverwaltung stellen. Unter diesen ragen zwei Baumeister heraus: Ludwig Mies van der Rohe (1886–1969) und Hans Scharoun (1893–1972). Mies van der Rohe steht am Ende einer Entwicklung, die mit Schinkels strengem Klassizismus beginnt, wie er etwa durch die Fassade des alten Museums (1830) repräsentiert ist. (Abb. 31) Dieser Stil hatte das ganze darauf folgende Jahrhundert seine Baumeister. Um die Zeit des Ersten Weltkrieges beginnt man, ihn von historischen Formelementen zu befreien, man bevorzugt jetzt die einfachen geometrischen Körper, Würfel, Walze, Halbkugel, entdeckt die Farbe Weiß neu. Mies van der Rohe geht dann den letzten noch möglichen Schritt, er verzichtet auch auf die massiven Körper und läßt von ihrer Geometrie nur noch das dreidimensionale Koordinatennetz stehen. Nicht als Hilfsmittel für die Komposition architektonischer Elemente – wie es Schinkel in seinem Akropolis-Entwurf gemacht hat –, sondern als unmittelbar ästhetische Form. Etwa bei seinem Berliner Ausstellungsgebäude für die Kunst des zwanzigsten Jahrhunderts (Abb. 32): strenge Haltung, sehr verantwortungsvoll detailliert, darin Albertis Vollkommenheitsprinzip ausdrücklich verpflichtet, aber auch offen und mehrdeutig. Funktionalistisches Bauen auf einen Zweck hin hat Mies van der Rohe immer abgelehnt, wir wissen von seinen Schülern, daß er ihnen gern abstrakte Aufgaben stellte: ein Haus, eine Halle, ein Gebäude, soundso groß. Jedenfalls das Gegenteil von Härings Haus als Leistungsform, doch gerade Häring hat das auch verstanden, weil er sah, daß diese Bauten durch ihre funktionale Indifferenz die tatsächlichen Lebensvorgänge auch nicht einengen oder behindern.

Aber die Bindung zwischen Häring und Scharoun ist enger, wirkliches gegenseitiges Einverständnis. Scharoun sucht beim Entwurf eben nach dieser Leistungsform des Hauses, das ausgetüftelte Detail ist ihm gleichgültig – fast zu gleichgültig, muß man sagen. Fängt Mies van der Rohe seine Arbeit damit an, daß er die edlen Materialien sortiert, die Chromnickelstahlprofile sorgsam auswählt, die Anschlüsse und die Knoten durchdenkt, so beginnt Scharoun am andern Ende, mit der Ergründung

31 Schinkel, Das Museum im Berliner Lustgarten 1830

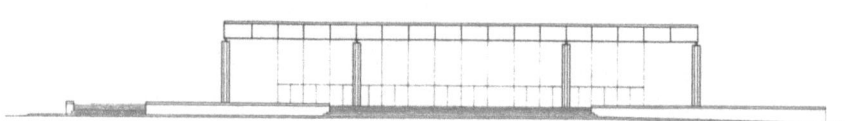

32 Mies van der Rohe, Die Berliner Nationalgalerie 1968

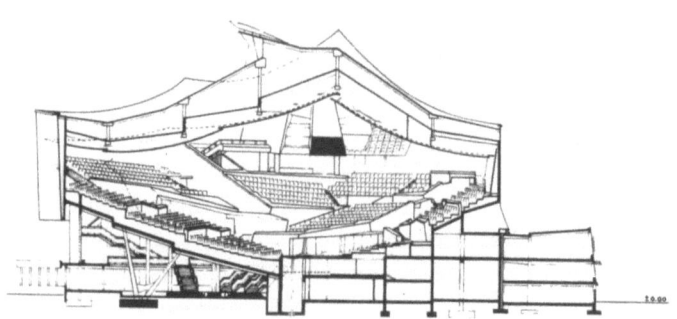

33 Scharoun, Die Berliner Philharmonie 1963

der Institution, die das Gebaute später beleben soll. Dabei interessiert ihn aber nicht die Organisation oder Hierarchie, also nicht die Architektur einer Bibliotheksverwaltung oder eines Orchestervereins, sondern die räumlichen und zeitlichen Abläufe ihrer Lebensvorgänge. Um zu entwerfen, vollzieht er mit der zeichnenden Hand die zu erwartenden Bewegungen gewissermaßen modellhaft nach, indem er auf schichtweise übereinandergelegtem Transparentpapier Strichbündel skizziert, die etwas vom Charakter sichtbar gemachter Magnetkraftfelder haben. Und genauso, wie sich die Kraftfelder mehrerer in Beziehung zueinander stehender Magnete nicht einfach arithmetisch addieren — so als kopiere man mehrere fotographische Negative auf ein Positiv —, sondern ein gemeinsames integrales Magnetfeld bilden, so gibt es im Bauwerk ein Gesamtbewegungsfeld, das mehr ist als die additive Summe aller Einzelbewegungen.

Ist es einmal gefunden, dann ist das Entwerfen der Bauform einfach: das Bewegungsfeld wird so mit Wänden, Böden und Decken umstellt und so über Treppen und Ebenen geleitet, daß es in seinem freien Fluß nicht gestört wird. Das führt zu offenen Formen, Raumdurchdringungen und -überlagerungen, die dem Ganzen einen fast provisorischen Charakter geben, zu dem Scharoun sich immer offen bekennt — nicht von ungefähr ist das große Auditorium der Berliner Philharmonie formal ein Zirkuszelt, ein direkter Verwandter des großen Saales auf der Akropolis. (Abb. 33)

Man hört immer wieder, daß sich mit Mies van der Rohes Museum und Scharouns Philharmonie die beiden Extreme des Neuen Bauens unmittelbar auf einem Platz gegenüber stünden. In gewisser Weise ist das ja auch richtig, aber es so zu deuten, hier zeige sich der im Denken der Kunsthistoriker so bedeutsame Gegensatz Klassik — Barock, geht sicher nicht an. Beide Männer sind vielmehr in ihrer Art sehr berlinerisch, haben ihre Wurzeln in der preußischen Romantik, die sich apollinisch oder dionysisch geben kann und deren größter Baumeister Friedrich Schinkel gewesen ist. In seiner Nachfolge sind sich Mies van der Rohe und Scharoun doch sehr viel mehr verwandt, als es auf den ersten Blick scheinen mag.

*

Wenn es ein Gebäude gibt, das für die Entwicklung des Bauens im 19. Jahrhundert überragende Bedeutung hat, dann ist es der Kristallpalast, den Joseph Paxton (1803—1865) für die Londoner Weltausstellung 1851 entworfen hat. (Abb. 34)

Dafür werden viele Gründe genannt, die meisten sind nicht sonderlich interessant. Es sei mit seinen sieben Hektar Grundfläche das größte Gebäude, das bis dahin errichtet worden ist. Was soll's? Es sei der erste aus vorfabrizierten Eisenteilen zusammengesetzte Bau. Das stimmt nicht, Paxton wendet ja gerade Methoden an, die er vorher jahrelang beim Gewächshausbau im Kleinen studiert hat. Es sei der erste Bau ohne historisierende Architekturform. Wirklich? Schinkels Entwurf einer Kirche für die Oranienburger Vorstadt (Abb. 35) ist formal dem Londoner Ausstellungsgebäude verblüffend ähnlich. Neu sei die Außenhaut aus Glas, die eine Durchdringung des Außen- und Innenraumes bewirke. Aber die Bilder der Zeit zeigen uns einen doch sehr abgeschlossenen, allerdings auffällig diffus belichteten Innenraum, mithin nichts, was den kühnen Raumdurchdringungen von Charlottenhof vergleichbar wäre.

Das wirklich neue am Kristallpalast ist nicht seine Form, sondern die Methode, nach der er gebaut ist. Der Beschluß, 1851 eine Weltausstellung zu veranstalten, wird zu spät gefaßt. Ein Wettbewerb für das Ausstellungsgebäude wird 1850 ausgeschrieben, von 245 Entwürfen kommen 65 in die engere Wahl, und 18 bleiben schließlich diskutabel. Trotzdem erhält keiner den Zuschlag, der Vorbereitungsausschuß stellt vielmehr einen eigenen Entwurf auf. Aber auch der erfüllt die wichtigste Bedingung nicht: daß die Halle in einem Jahr gebaut werden kann und in zwei Jahren wieder abgebrochen. Schon zur Herstellung des Baumaterials — es handelt sich um einen Ziegel-Massivbau im spätrömischen Thermenstil — reicht die Kapazität der britischen Industrie nicht aus.

Erst als er von diesem Fiasko erfährt, gibt Paxton dem Drängen einiger Freunde nach und reicht außer Konkurrenz noch einen eigenen Entwurf ein, der aber zunächst beim Ausschuß kein Interesse findet, weil man sich schon mit der Verlegung des Ausstellungstermins abgefunden hat. Aber eine Veröffentlichung des Projekts in den London Illustrated News am 6. Juli 1850 bringt den Durchbruch. Bis zur Ausstellungseröffnung am 1. Mai 1851 sind keine neun Monate mehr.

Paxtons Entwurf ist formal nur ganz skizzenhaft ausgeführt. In der Hauptsache besteht er aus einem verbindlichen Kostenanschlag, der mit 79 700 Pfund wenig mehr als ein Viertel dessen ist, was die andern Vorschläge im Schnitt kosten sollen. Außerdem wird mit einem exakten Zeitplan nachgewiesen, daß das Bauwerk rechtzeitig zum Ausstellungsbeginn fertig sein würde. Beides überzeugt, der Kristallpalast wird gebaut. Nicht seine architektonische Form hat den Ausschlag gegeben, sondern die Baumethode. Sie ist das Entscheidende, das Eigentliche an Paxtons Entwurf.

34 Paxton, Der Londoner Kristallpalast 1851

35 Schinkel, Entwurf einer Berliner Vorstadtkirche 1828

Um das Ziel zu erreichen, das er sich gesetzt hat, müssen für die Bauteile verschiedene Zulieferfirmen herangezogen werden. Das macht Normung nötig, vor allem ein Standardmodul. Paxton geht vom kleinsten Element aus, der Glasscheibe. Eine Glasscheibe kann zu dieser Zeit nicht größer als umgerechnet 61 auf 122 cm hergestellt werden. Daraus ergibt sich ein Achsabstand der Stützen von 488 cm als der optimale, das ist das Achtfache der Scheibenbreite. Eine Firma, die die erforderlichen 400 Tonnen Glas termingerecht liefern kann, wird gefunden.

Die eisenverarbeitenden Werke haben 3 300 gußeiserne Hohlsäulen zu liefern, alle mit gleichem Außendurchmesser, der Innendurchmesser richtet sich nach der jeweils statisch erforderlichen Wandstärke. Zwischen die Säulen werden standardisierte Binder eingehängt und an dem eigens hierzu entwickelten Auflagerknoten mit Holz verkeilt. Diese Knoten sind also später wieder zu lösen und machen einen Abbau der Halle möglich, ohne die Bauglieder zu zerstören. Für die Dimensionierung der Säulen und Binder ist außerdem maßgebend, daß kein Teil mehr als eine Tonne wiegen soll, um den Transport so einfach wie möglich durchführen zu können. Auf jedes Binderfeld kommen drei gußeiserne Fassadenelemente, davon eines mit Türe, die andern beiden mit Fenster

Am 26. Juli, also 20 Tage nach der Veröffentlichung, wird der Bauvertrag geschlossen, am 26. September die erste Stütze aufgestellt. Der Aufbau unterliegt einem präzisen Taktverfahren. Große Lagerflächen gibt es nicht, das erforderliche Bauglied wird nach Plan angefahren, einer Güteprüfung unterworfen und sofort an Ort und Stelle eingebaut. Auch die Glasplatten werden entsprechend der Lieferung verlegt, auf dem Dach von einem kleinen Wagen aus, der so konstruiert ist, daß man im Sitzen arbeiten kann. In weniger als vier Monaten ist alles fertig, und es bleibt genügend Zeit, die Ausstellung zur Eröffnung am 1. Mai 1851 einzurichten.

Der Kristallpalast, von Morris als ‚Treibhaus' verhöhnt (ein Zeichen, wie wenig er bereit war, die gotischen Qualitäten dieses Industrieprodukts anzuerkennen), ist ein Bauwerk, in dessen Form das Eigentliche, der Bauprozeß, nicht mehr zum Ausdruck kommen kann. Es wird noch zu zeigen sein, daß gerade das das Kennzeichen eines neuen Bauens sein wird, daß das Wesentliche in der Form nicht mehr sichtbar ist, Architektur wird überflüssig.

Gelegentlich wird gesagt, Paxton selbst sei sich der Bedeutung seiner baulichen Innovationen nicht bewußt gewesen, man verweist dabei auf historistische Landhäuser, die er auch entworfen hat. Das ist eine Unverschämtheit. Wohnhäuser sind keine Ausstellungshallen, haben mehr als temporäre

Bedeutung und müssen dem Bauherrn gefallen. Paxton sieht im industriellen Bauen sehr wohl die einzige Möglichkeit, die Aufgaben zu erfüllen, die das neue Zeitalter stellen wird. Wahr ist dagegen leider, daß unter den heutigen Architekten, mehr als hundert Jahre nach dem Kristallpalast, niemand ist, der auch nur den geringsten Ehrgeiz hat, ähnliches zu schaffen wie Paxton, sich eine derartige formale Zurückhaltung aufzuerlegen oder einen so präzisen Montageplan aufzustellen. Das Centre Pompidou ist eine Form-Orgie, und sein Bau zog sich über Jahre hin.

Immerhin ist hier an einen Mann zu erinnern, Konrad Wachsmann (geb. 1901), der sich zeitlebens bemüht hat, wenigstens den Standard Paxtons zu halten. Fast ohne jeden Erfolg, jedenfalls bleibt ihm der Auftrag für ein Bauwerk von der Bedeutung des Kristallpalastes versagt. Um so mehr leistet er Detailarbeit, vor allem durch die Klarstellung und Lösung der grundsätzlichen Probleme, die das Bauen mit genormten, universell kombinierbaren Elementen mit sich bringt. Aufträge der amerikanischen Industrie und Luftwaffe geben ihm dazu die Mittel an die Hand; seit 1950 Professor in Chicago, leitet er auch Senimare über standardisiertes Bauen in der ganzen Welt.

Es geht ihm nicht einfach darum, die unterschiedlichsten Bauelemente zu entwerfen, also das Einzelteil im Hinblick auf das damit zu erbauende Haus zu gestalten. Formgebend ist auch der ganze Vorgang der maschinellen Herstellung, des Transports, der Lagerung und des Zusammenbauens an Ort und Stelle. Alles das sind Prozesse, die sich in der Zeit abspielen und daher eine Gestaltung nach rein formalen Kriterien verbieten. Das heißt nicht, daß Wachsmann Ästhetik ignoriert. Im Gegenteil, es fällt auf, wie sehr er an den Zeit- und Funktionsplänen herumarbeitet, an der Anordnung der Maschinen, dem Arbeitstakt, den Transportfahrzeugen, den sauberen Baustellen, an Kleinigkeiten, die keine Bedeutung hätten, würde er nicht an den Prozeß des Bauens ästhetische Maßstäbe legen. Wo wir gewohnt sind, ein Chaos an hingeworfenem Baumaterial, Werkzeug, Schutt und Schmutz zu ertragen, da sind bei ihm die Produktionsstätten, die Fahrzeuge, die Baustellen stets besenrein. Wo wir, während das Haus in die Höhe wächst, immer noch Entwurfsdetails improvisieren, Handwerker an einem sogenannten Rohbau für die von ihnen zusammengeschusterten Ausbauelemente Maß nehmen lassen, da läuft bei ihm der Betrieb so reibungslos, daß er an der Baustelle nicht einmal Facharbeiter braucht, alles ist so selbstverständlich, so durchdacht, daß es jeder verstehen und handhaben kann. Er unterwirft, wenn man so will, den Bauprozeß einem

36 Idealbaustelle von Konrad Wachsmann

klassizistischen Reinheitsideal. Weiß ist nicht nur die bevorzugte Farbe seiner Bauteile, weiß ist gewissermaßen auch der Vorgang des Bauens geworden. (Abb. 36)
Wachsmanns Unerbittlichkeit geht sogar soweit, daß er nicht einmal beim Entwurfsprozeß Wurstelei zuläßt, auch diesen einem Takstsystem unterwirft, dem er zwar große Effizienz zuschreibt, das aber ganz offenbar reine Ästhetik ist. Er hat es zwar nicht eigentlich in der Praxis angewandt, um so häufiger als Seminararbeit durchgespielt:
In einer einführenden Diskussion wird ein beliebiges Generalproblem gewählt und die von besonderer Wichtigkeit erscheinenden Einzelprobleme entsprechend der Anzahl der Teamgruppen und der zur Verfügung stehenden Zeit festgelegt.
Solche Probleme könne aus folgenden Kategorien gewählt werden: Material und Produktionsmethode, modulare Koordination, Konstruktion, Fügen und Verbinden, Bauelemente, Komponenten, Installation, Planung, Bewegung und Montage, Wirtschaftlichkeit, Physiologie und Psychologie, Soziologie usw. Um ein Minimum solcher oder auch anderer Haupteinflußgebiete zu erfassen, sollten daher nicht weniger als sieben Möglichkeiten der Wahl zur Verfügung stehen. Welche dieser Probleme gewählt werden, ist von relativ sekundärer Bedeutung und wird sich aus der vorausgehenden allgemeinen Diskussion ergeben. Ohne jede Bedeutung ist die Reihenfolge der Themenstellung, denn indem alle Gruppen zur gleichen Zeit anfangen zu arbeiten, wird jedes Problem zu einem Hauptthema. Außerdem beschäftigt sich jede Gruppe zuerst mit ihrem Problem in generellen Untersuchungen ohne direkte Beziehung zu andern Problemen oder dem anzustrebenden Ziel.
Unter der Annahme, daß dieses Team, in sieben Arbeitsgruppen eingeteilt, aus 21 Teilnehmern besteht und dementsprechend sieben Einzelprobleme des Studiums gewählt sind, muß ein Teil der zur Verfügung stehenden Gesamtarbeitszeit in sieben gleiche Arbeitsperioden eingeteilt werden, durch sieben Diskussionsperioden voneinander separiert. Jede einzelne dieser Diskussionsperioden wird in sieben Zeitintervalle eingeteilt, damit zur Diskussion jedes einzelnen Problems die gleiche Zeit zur Verfügung steht (...).
Die Diskussionen finden um einen genügend großen Tisch statt, durch den aber der direkte Kontakt aller Teilnehmer untereinander nicht gestört wird. Jede Gruppe, vertreten durch einen Sprecher, erläutert durch Wort, Zeichnung, Modell oder andere technische Mittel

ihre Vorarbeit (...). Wenn also Gruppe 1 ihre Voruntersuchungen erklärt, ist allen andern Gelegenheit gegeben, nicht nur spezifische Fragen zu stellen, sondern auch solche ganz genereller Natur, oder auch zusätzliche Vorschläge zu machen. Dann wird nach Ablauf einer Stunde das Resultat von Gruppe 1 mit den neuen Vorschlägen Gruppe 2 zur weiteren Bearbeitung in der nächsten Arbeitsperiode übergeben. Dies setzt sich fort, bis alle sieben Einzelprobleme durchgesprochen sind.

Auf diese Weise ist jeder einzelne Teilnehmer mit jedem Problem in immer gleicher Zeitspanne beschäftigt. Er erlebt darin die Entstehung eines Werkes von sieben ganz verschiedenen Seiten, von der jede einzelne entscheidender Ausgangspunkt einer Entwicklung sein könnte, deren Resultat dem Werk Inhalt und Form gibt. (...)

Die Gruppen arbeiten am besten an vier zusammengeschobenen Reißbrettern, wobei sich auf dem vierten Reißbrett eine große Mappe befindet, in der alle Skizzen und sonstige Daten gesammelt werden, die während der Arbeit entstehen. Die Mappen müssen jederzeit allen Teilnehmern zur Einsicht zugänglich sein und erscheinen auch bei den Diskussionen, um immer wieder auf frühere Entwicklungsstadien zurückgehen zu können.

Darum sollten auch keine Papierkörbe vorhanden sein, denn jede Skizze, Zeichnung oder Berechnung oder jeder aufgeschriebene Gedanke muß erhalten bleiben, denn eines der wesentlichen Prinzipien dieser Arbeitstechnik liegt in der später eintretenden Rekonstruktion des gesamten Entwicklungsvorgangs der Seminararbeit. Dazu gehören auch die kleinsten Modellstudien und Ergebnisse von Experimenten. (...)

Nach sieben Arbeits- und Diskussionsperioden wird nun jedes der Einzelprobleme, in subjektiver Beziehung zum gedachten Generalproblem, seine in dieser Zeitspanne zu erreichende Lösung gefunden haben. Damit hat sich dann zugleich das Generalproblem in seinen Grundzügen formuliert.

An diesem Punkt lösen sich alle Arbeitsgruppen auf und beginnen nun, mit Hilfe der besten verfügbaren technischen Mittel, durch Zeichnungen, Modelle, Texte, Forschungs- und Laboratoriumsberichte, Berechnungen, Produktionsbeschreibungen, Fotografien, Film und wenn möglich durch die Herstellung von Modelldetails in vollem Maßstab, das Resultat der Teamstudie zu demonstrieren (20, S. 204 ff.)

Was hier beschrieben wird, ist ein Ritual, ein Kult mit Zahlenmystik, sieben, drei mal sieben und sieben mal sieben. Wachsmann sieht seine Wurzeln zwar bei Paxton, aber offenbar versteht er ihn nicht. Paxton hat den Bauprozeß *organisiert*, Wachsmann *formalisiert* ihn nur. Er steht dem Bauhaus nahe, bei dessen Arbeit — wie schon der gotisierende Name sagt — Historismus hineinspielt. Wenn man schon nicht mehr in gotischen Formen bauen darf, dann soll wenigstens das Arbeitsteam historischen Vorbildern folgen, als präraffaelitische Bruderschaft auftreten, die ihre Exerzitien abhält.

Da kommt auch etwas hinein von der modernen politischen Praxis, notwendige gesellschaftliche Veränderungsprozesse dadurch zu umgehen, daß man das gesellschaftliche Leben ästhetisiert. Wie es besonders für den Faschismus charakteristisch ist. Wachsmann ist sicher alles andere als ein Nazi, aber seine Arbeit läßt doch auf verblüffende Weise erkennen, wie weit ein Professor in Chicago sich heute von Sullivan und Wright entfernen kann, wie sehr er ästhetischen Fragen den Vorrang gibt gegenüber dem wirklichen Leben. Frank Lloyd Wright über das Entwerfen:

Man konzipiere die Gebäude in der Phantasie, nicht zuerst auf dem Papier, sondern im Geist, völlig fertig, ehe man das Papier berührt. Man lasse das Gebäude, das in der Phantasie lebt, sich allmählich entwickeln und immer bestimmtere Gestalt annehmen, ehe man es ans Reißbrett bindet. Erst wenn das Ding ausreichend Leben für den Architekten erhalten hat, kann er beginnen, es mit dem Werkzeug zu planen, vorher nicht. Während der Konzeption zeichnen oder, wie wir sagen, beim Skizzieren bereits Experimente mit der Anpassung an den Maßstab zu machen, ist gut und schön, wenn das Konzept so deutlich ist, daß man es während dieser Zeit festhalten kann. Doch am besten ist es immer, die Phantasie von innen heraus zu pflegen. Man sollte das Gebäude, so weit man kann, konstruieren und vollenden, ehe man mit Reißschiene und Dreieck zu Werke geht. Mit Reißschiene und Dreieck sollte man nur arbeiten, um die Konzeption zu modifizieren, zu erweitern, zu intensivieren oder zu erproben, und schließlich, um die Einzelteile im Detail aufeinander abzustimmen.
Wenn das ursprüngliche Konzept verloren geht, während man mit dem Zeichnen voran schreitet, sollte man alles wegwerfen und neu beginnen. Ein Konzept völlig zu verwerfen, um Platz für ein neues zu machen, das ist eine Geistesfähigkeit, die sich nicht leicht pflegen läßt. Nur wenige Architekten besitzen diese Fähigkeit. (21, S. 165)

Die Vorstellung, daß man jeden Skizzen-Schnipsel aufheben muß, um später wieder darauf zurückkommen zu können oder gar den ganzen Entwurfsprozeß zu rekonstruieren, wie das Wachsmann für nötig hält, ist Wright fremd. Was verworfen ist, ist verworfen. Ist es zu Unrecht fallen gelassen worden, dann stellt es sich später von selbst wieder ein, man braucht dazu keine Sammelmappe. Denn das Entwerfen schreitet immer voran und kann nicht abgebrochen werden, um es auf einen früheren Zeitpunkt zurückzusetzen.

Wright könnte niemals im Teamwork entwerfen, auch Scharoun nicht. Dessen Entwurfsmethode — ich habe sie oben ausführlich beschrieben — ist ein Prozeß, dem er keine Zwänge auferlegen würde durch Taktsystem oder vorprogrammiertes Ende. Denn er geht davon aus, daß nicht nur der Zweck des Gebäudes dessen Gestalt bestimmt, sondern auch die Gestalt den Zweck. Die Institution, für die man baut, wird eine andere sein, wenn sie ihr Haus bezogen hat, als sie vorher war, zu der Zeit, wo sie ihre Anforderungen an den Neubau stellte. Das kann sich schon beim Entwerfen herausstellen und dann alle bisherige Arbeit als nicht mehr brauchbar erscheinen lassen. Und was dann schließlich zur Ausführung freigegeben wird, ist deshalb nie das Endgültige, das Vollkommene, an dem man nichts mehr ändern darf, ohne es zu zerstören. Es ist nur das im Augenblick Bestmögliche, ein Nährungswert an das, was gebraucht wird. Scharoun ist den Bauunternehmern als Nervensäge bekannt, weil er sogar die Werkpläne, nach denen längst gebaut wird, nicht als etwas Definitives ansieht, immer wieder an ihnen herummodelt, während der Bau schon seiner Vollendung entgegengeht.

> *Ich verlange von einer Stadt*
> *in der ich leben soll:*
> *Asphalt, Straßenspülung, Haustorschlüssel,*
> *Luftheizung, Warmwasserleitung.*
> *Gemütlich bin ich selbst.*
>
> Karl Kraus

Ausblick

Ich arbeite gern mit dem Begriff ‚Neues Bauen', den Hugo Häring geprägt hat, um sich von der klassischen Architektur abzusetzen, und der brauchbar ist. Aber man muß sich darüber im Klaren sein, daß das, was er damit gemeint hat, nicht das sein kann, auf das die Entwicklung der Baukunst von 1800 bis heute hingesteuert ist. So sagt er gelegentlich:

Die themen der gestaltlehre gehorchen also einem genauen plan und nicht nur das, es ist ihnen auch ein ziel gesetzt. Dieses ziel ist kein anderes als eben die ausbildung der schöpferischen kräfte des menschlichen geistes, anhand des planes, den das werk der schöpfung selbst angelegt hat.

Das neue bauen, das von der wesenheit des zu schaffenden ausgeht, bedeutet eine umkehr des gestaltschaffens, das in dem lehrgang der geometrie ausgeübt wurde. Auch dies ist jedoch nur eine rückkehr zu dem prinzip, das unser vorgeometrisches schaffen gelenkt hat. (9, S. 13)

Sowohl die Vorstellung, daß der Entwicklung ein Ziel gesetzt ist, wie die, daß wir in eine vorgeometrische Welt zurückkehren sollen, ist uns heute fremd. Zwar hat dieses anthroposophische Pflasterstrand-Denken noch immer seine Jünger, vielleicht sogar seine Berechtigung, ich weiß es nicht, aber das, was sich entscheidend gewandelt hat, was unsere neue Methode des Denkens von der der klassischen Mittelmeerkulturen abhebt, kommt

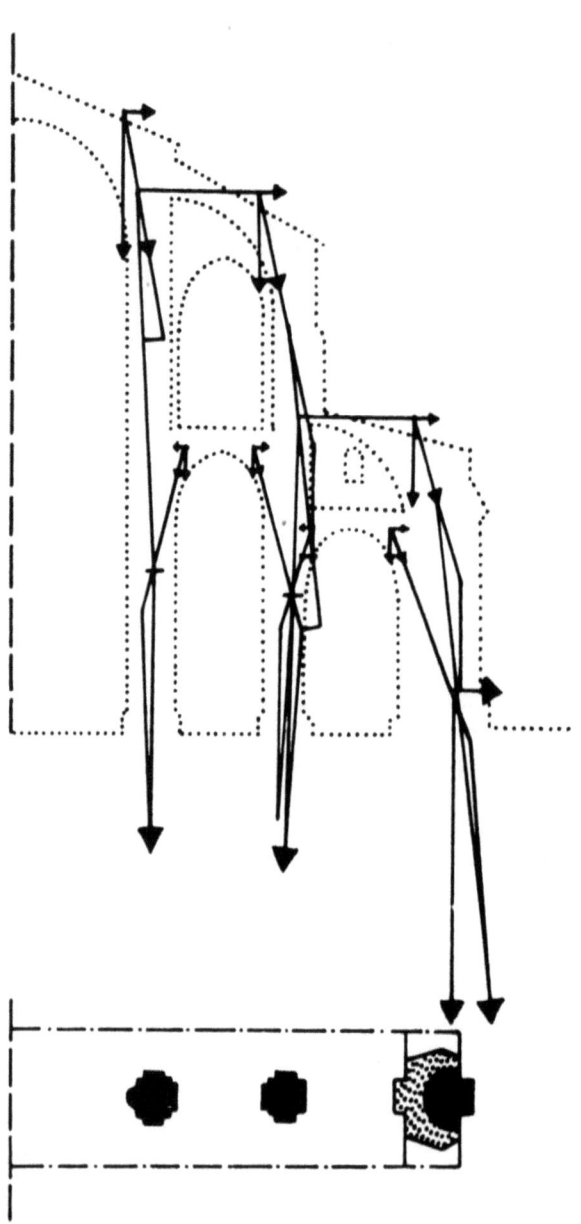

37 Das Prinzip der Strebewerkarchitektur

darin nicht zum Ausdruck. Als Hugo Häring 1952 bzw. 1954 an der Charlottenburger Universität seine beachteten Vorträge ‚vom neuen bauen' und ‚über das geheimnis der gestalt' hält, ist er nicht nur vom Jahrgang her, sondern auch in seiner Weltsicht eine Generation älter als der Physiker Fritz Winckel, der am gleichen Institut seine nur von wenigen besuchte Vorlesung über ‚Die naturwissenschaftlichen Grundlagen der Musik' hält, in der er die Ästhetik auf die Informationstheorie von Shannon und Weaver bezieht und damit klarstellt, daß das Schöne nur statistisch gewertet werden kann.

Das Weltbild der antiken Hochkulturen ist Architektur. Über der Erde — die die Welt ist — wölbt sich die Kuppel des Himmels, an der sich Sonne, Mond und Sterne bewegen, alle geschaffen im Hinblick auf die Erde. Im Mittelpunkt der Welt liegt die Hauptstadt des Imperiums, zugleich der Gipfelpunkt der Kultur, die an weit entfernten Grenzen gegen kulturlose Barbaren verteidigt werden muß. Die geometrischen Größen sind abschätzbar. Der Mensch, als das Wesen, dem die Welt untertan ist, gibt mit seinen Körpermaßen und der Proportion seines Körperbaus den Maßstab für alles künstliche Machen, eben für die Architektur.

Diese Welt kann man begreifen — das haben dann die Griechen gezeigt —, wenn man eine zweiwertige Logik anwendet, wonach Aussagen entweder wahr oder falsch sind, ein Drittes ausgeschlossen ist. Weil die gegebenen Dinge nicht falsch sein können, wohnt ihnen eine Wahrheit inne, die durch ihre Schönheit offenbar wird. Wahrheit und Schönheit sind ewig und unzerstörbar, weil sie im Gleichgewicht ihrer selbst ruhen. Architektur ist immer ein Gleichgewichtszustand. Für die Form des architektonisch Gemachten setzt die zweiwertige Logik fest, daß ihre Wahrheit und Schönheit auf zwei Komponenten beruht, dem transzendentalen *Wesen* und dem materiellen *Stoff*. FORM ist die Resultante aus beiden, wie man es ganz begreifbar im Parallelogramm der Kräfte darstellen kann:

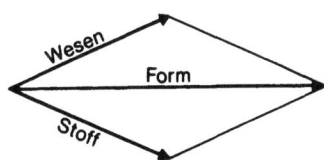

Real, also nicht wie hier als Symbol, ist das Parallelogramm der Kräfte in der Architektur immer präsent. Es kann unmittelbar sichtbar gemacht werden, etwa im Strebewerk der gotischen Kathedrale (Abb. 37), wo der Gleichgewichtszustand des Gebäudes in eine ästhetische Form überführt ist.

Dies also die skizzenhafte Darstellung des Weltbilds, das den Menschen veranlaßt, Architektur zu machen. Ihr hat die moderne Erkenntnis, daß die Erde nicht Mittelpunkt der Welt ist und übrigens auch die Sonne nicht, entscheidende Voraussetzungen entzogen. Offensichtlich ist der Mensch nicht das Maß aller Dinge sondern ein Nichts, und seine Heimat, die Erde, ein Staubkorn im All. Dennoch wird das Prinzip Architektur zunächst nicht in Frage gestellt, denn Architektur gibt Halt und Geborgenheit mit ihrem unzerstörbaren Gleichgewicht.

Erst die Formulierung des zweiten Hauptsatzes der Thermodynamik zerstört das architektonische Weltbild, und zwar endgültig. Dabei bestätigt er durchaus, was schon die Alten angenommen hatten: Gleichgewicht ist stabil. Aber er sagt auch: Gleichgewicht ist uninteressant. Denn von zwei möglichen Zuständen ist der mit dem größeren Gleichgewicht der wahrscheinlichere, weil der weniger geordnete. In der Welt zerfällt ständig Ordnung zu Unordnung, und das ist ein irreversibler Prozeß. Ordnung neu schaffen kann man nur, indem man eine Energie aufwendet, die man aus dem allgemeinen Ordnungsgefälle in der Welt gewinnt. Das heißt, um ein System zu ordnen, muß man an anderer Stelle Ordnung zerstören, und zwar mehr Ordnung zerstören, als man gewinnt, damit in der Welt insgesamt das Gleichgewicht größer wird. Die Wahrscheinlichkeit, daß sich ein einmal erreichtes Gleichgewicht von selbst zu höherer Ordnung rückbildet, ist gleich Null, und deshalb ist der zweite Hauptsatz der Thermodynamik der physikalische Beweis dafür, daß die Architektur die Welt der Götter und Toten ist.

Leben dagegen ist unwahrscheinlich und muß gegen Zerfall stabilisiert werden. Im Gegensatz zur Stabilität des Gleichgewichts, die statisch ist, ist die Stabilisierung der geordneten Gestalt ein Arbeitsprozeß, der Energie und damit Ordnung verbraucht. Wir kennen das etwa vom Thermostaten, der mit Elektrizität betrieben wird. In diesem Steuersystem wird ständig der Istwert der Temperatur gemessen und mit einem Sollwert verglichen. Weichen beide voneinander ab, liegt der Istwert zu tief, dann wird ein Stellwert derart geändert, daß solange mehr Wärme zugeführt wird, bis die Temperatur meßbar über dem Istwert liegt. Dann ist der Stellwert so zu ändern, daß die Temperatur wieder fällt, bis sie unter dem Istwert liegt und alles beginnt von vorne. Im Gegensatz zur Stabilität, die unveränderbar ist, ist die Stabilisierung ein ständiges Pendeln um einen Sollwert. Dieses Prinzip der Steuerung, der, wie der Physiker sagt, Kybernetik des Thermostats, nennt man einen gegengekoppelten Regelkreis:

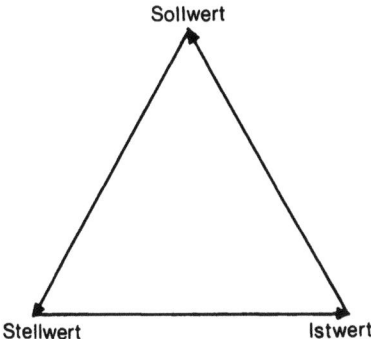

Regelkreise beherrschen aber unsere ganze Lebensgesellschaft. Sie ermöglichen uns nicht nur, selbst zu leben, sondern auch Dinge herzustellen, die einen hohen Grad von Unwahrscheinlichkeit haben, so unwahrscheinlich sind wie das Leben selbst. Sie sind das Prinzip der Maschinen, von denen uns Le Corbusier glauben machen wollte, sie seien das Produkt göttlicher Geometrie.
Das gibt dem Menschen seine Sicherheit zurück. Solange der Maßstab geometrisch ist, sind wir tatsächlich nichts in der geometrisch so riesenhaften Welt. Legt man aber einen kybernetischen Maßstab an, dann ist schon die kleinste Ameise größer als das ganze Sonnensystem, um wievieles mehr der Mensch und seine Kultur.
Wir können uns — ganz primitiv — den Unterschied klar machen zwischen Architektur und Neuem Bauen an zwei Küchenmöbeln, dem Geschirrschrank und dem Kühlschrank. Der Geschirrschrank ist Architektur. Er dient dazu, das darin gestapelte Geschirr und Gerät im Gleichgewicht zu halten, und das kann man sehen. Der Designer gestaltet den Schrank so, daß sein Zweck in der Form zum Ausdruck kommt. Der Kühlschrank — das Beispiel hinkt, ich weiß, aber es ist brauchbar — vertritt das Neue Bauen. Er hat natürlich auch primär die Aufgabe, das darin Gestapelte im Gleichgewicht zu halten, und das kann man seinem Design sicher ansehen. Aber sein eigentlicher Zweck ist ein anderer: eine gleichmäßige, von der Umwelt abweichende Temperatur zu stabilisieren. Dieser Stabilisierungsvorgang kommt aber in der Form des Gerätes nicht zum Ausdruck,

er könnte auch dann nicht erfahren werden, wenn man die Meß- und Regelgeräte und die Drahtleitungen zwischen ihnen sichtbar anordnete, weil nicht die Elektronik den Thermostat ausmacht, sondern der Informationsfluß, den sie in Gang hält. Das einzige, was man vom Wesen des Kühlschranks wirklich erfährt, ist, daß eben die Temperatur darin immer gleich tief bleibt, obwohl es außen viel wärmer ist.

Wir können uns nun ganz einfach analog zum Gleichgewichtsmodell der architektonischen Form ein Modell der kybernetischen Gestalt machen, das nicht auf dem Kräfteparallelogramm aufgebaut ist, sondern auf dem Regelkreis. Dazu brauchen wir allerdings neben dem transzendentalen *Wesen* und dem materiellen *Stoff* noch eine dritte Komponente, die die Gestalt in Beziehung setzt zum Zustand der Welt. Das ist die *Ordnung*. Man muß sich darüber klar sein, daß Ordnung weder transzendent noch materiell ist, auch nicht von beidem etwas, Ordnung ist ein Niveau, ein statistischer Wert und damit das einzig wirklich Meßbare an der Gestalt. Wir erhalten nun dieses Modell:

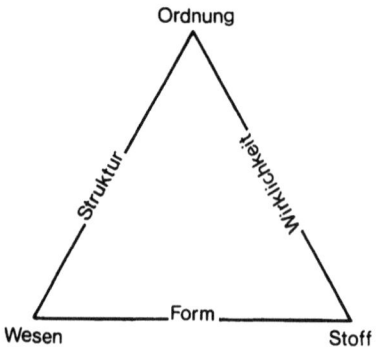

Die Beziehung zwischen *Wesen* und *Stoff* bleibt unverändert FORM. Jedes Bauwerk, jedes Gemachte hat, weil es im Schwerfeld der Erde Wirklichkeit ist, eine Form, die aus seinem statischen Gleichgewicht resultiert. Aber, war in der Architektur Form schon die ganze Gestalt, dann ist sie jetzt nur noch ein Teilbereich. Neu ist, daß es auch eine Beziehung zwischen dem *Stoff* und der *Ordnung* gibt, das ist das Eigentliche, das Stabilisierte, die WIRKLICHKEIT der Gestalt. Sie ist an der Form nicht ablesbar, nur im Gebrauch erfahrbar. Eine dritte Beziehung, die sich ergibt, ist die zwischen *Ordnung* und *Wesen*, die STRUKTUR der Gestalt.
Im Gegensatz zum Parallelogramm der Kräfte, das im geometrischen Sinn

ein echtes Parallelogramm ist, an dem man die Kräfte abgreifen kann, ist der Regelkreis kein Kreis und würde auch von niemanden als Kreis gezeichnet werden. Er heißt nur so, weil er für die Regelung eines rückgekoppelten Systems steht. Geometrisch ist er nicht faßbar, und deshalb ist Geometrie im Zeitalter der Kybernetik keine gestaltschöpfende Kraft mehr.

*

Es ist kein Zufall, daß heute mehr und mehr das Gefühl verloren geht für Form und Proportion, das in der architektonischen Kultur Allgemeingut ist. Dafür werden immer höhere Ansprüche gestellt an die Maschinen, die Prozesse regeln, Heizung, Lüftung, High-Fidelity-Musik. Bei der Wahrnehmung des gut Gestalteten, des Schönen, verliert das auf geometrische Formen spezialisierte Auge an Bedeutung zugunsten bisher eher vernachlässigter Sinnesorgane. Natürlich werden auch die Zeugnisse des Neuen Bauens optisch wahrgenommen, aber ihre Form hat einen anderen Stellenwert. Sie ist nur noch das Gehäuse, das dem Eigentlichen, den Lebensprozessen eine Heimat bietet. Wie eine Landschaft, die, selbst nur Sand, Stein und Wasser, dem Leben der Pflanzen, Tiere und Menschen das nötige Umfeld bereitstellt. Claude Levi-Strauss:
Diejenigen, die New York häßlich finden, sind lediglich Opfer einer Wahrnehmungstäuschung. Da sie noch nicht gelernt haben, andere Maßstäbe anzulegen, versteifen sie sich darauf, New York als eine Stadt zu beurteilen und an den Straßen, Parkanlagen und Denkmälern herumzunörgeln. Objektiv ist New York zweifellos eine Stadt, aber das Schauspiel, das es europäischen Augen bietet, gehört zu einer andern Größenordnung, nämlich zu der unserer Landschaften; während die amerikanischen Landschaften wiederum in ein noch gewaltigeres System führen, für das wir kein Äquivalent besitzen. Die Schönheit von New York beruht also nicht auf seinem städtischen Charakter, sondern darauf, daß sich diese Stadt − was unser Auge unweigerlich erkennt, sobald wir uns nicht mehr dagegen sperren − in eine künstliche Landschaft verwandelt, in der die Prinzipien des Urbanismus nicht mehr gelten: die einzigen signifikanten Werte sind das samtene Licht, die durchsichtige Zartheit der Fernen, die erhabenen Abgründe zwischen den Wolkenkratzern und die schattigen Täler, die mit bunten Automobilen besät sind wie mit Blumen. (11, S. 70)

Die ‚Prinzipien des Urbanismus', das heißt: das Prinzip Architektur. Was New York *wirklich* ist, dadurch ist, daß es *wirkt*, wollte oder konnte Levi-Strauss mit dieser optischen Stadtbeschreibung gar nicht zeigen.
Obwohl ganz klare Hoheitspositionen dahinter stehen, verbinden wir Europäer mit Begriffen wie Quirinal, Kapitol und Vatikan immer zuerst ein Environment klassischer Architektur. Aber Fifth Avenue, Broadway und Wallstreet werden sich uns nie als architektonische Straßenräume einprägen, um so mehr als moderne gesellschaftliche Institutionen.
Das Neue Bauen ist mit dem identisch, was es an Prozessen ermöglicht. Anders als die Architektur, die von den Institutionen, die sie beherrscht, voraussetzen kann, daß sie a priori architektonisch organisiert sind. Eine Schule beispielsweise in Lehrkörper und Schülerschaft, in Unterricht und Freizeit, der Unterricht in Einzelfächer. Das läßt sich so formalisieren, daß man daraus ein Bauprogramm gewinnen kann: Lehrerzimmer – Klassenzimmer – Sonderräume – Pausenflächen. Was zu seiner Zeit dem Architekten genügt hat, ein starres Schulhaus zu entwerfen, das nicht zufällig Ähnlichkeit hatte mit den Zellenbauten der Gefängnisse.
Sobald man aber die Institution als einen sich selbst stabilisierenden Prozeß ansieht, braucht man ein Bauen, das nicht an statischen Bauprogrammen orientiert ist. Um die Gesellschaft als rückgekoppelten Regelprozeß in Gang halten, muß notwendiger Weise auch das Bauen ein System rückgekoppelter Regelprozesse ein.
Nehmen wir an, es soll eine Schule gebaut werden. Und ich denke mir dabei als große Utopie ein alternatives, anarchisches Schulprogramm ohne starre Organisation. Um sich überhaupt manifestieren zu können, braucht diese Schule ein Haus. Dessen Gestalt wird zunächst vage sein, alles offen halten, keinen andern Zweck haben als den, Kondensationskern zu sein für die zu erwartende Institution. Einmal in Gang gebracht, wird sich der Schulbetrieb an dieser Gebäudegestalt allerdings nicht nur orientieren, sondern auch reiben. Neue Abläufe bilden sich heraus und zwingen dazu, das Gehäuse ihnen anzupassen, das dann, in seiner geänderten Gestalt, wieder unerwartet auf die Institution zurückwirken wird. Das ideale Schulhaus wäre also eine ständige Baustelle, und der Vorgang des Bauens würde mit zum Schulbetrieb gehören; es wäre, weil nicht nur die Schüler lernen, sondern vor allem auch die Schule selbst, ein Teil des zu vermittelnden Bildungsgutes. Lernen, daß alles verändert werden kann, weil alles verändert werden muß, Bauen als Pädagogik, das ist es doch, was Sullivan schon vorgehabt hat.
Die Formen des Gehäuses einer Institution, die einen derart hohen Ord-

nungsgrad hat, darf nicht starren Normen unterworfen sein, ist alles andere als schön im offiziellen Sinne, fast schon ein bißchen Bidonville und deshalb heute baurechtlich gar nicht zulässig. Das Neue Bauen ist vor allem darum noch fern, weil wir alle nicht die Toleranz aufbringen, seine nichtssagenden Formen zu akzeptieren. Wir sind alle noch in dem guten Glauben, Abweichungen von den Schönheitsnormen zerstörten die Umwelt; nur was in den Bauvorschriften codifiziert ist, was nach den sogenannten ‚Spielregeln der Demokratie' abläuft, sei gut. Spielregeln, die, endgültig festgesetzt, so gar nichts zu tun haben mit dem wirklichen Leben, auf das die Demokratie einmal in Chicago ausgerichtet war.
Aber für die weitere Entwicklung wird gerade das interessant werden, was die Regeln mißachtet. Mein größter Eindruck von etwas Gebautem waren in den letzten Jahren die Zelt- und Hüttenstädte auf den besetzten Bauplätzen von Markolsheim, Wyhl und Kaiseraugst, die ohne Erlaubnis der Bauämter entstanden sind, ja, ohne Berücksichtigung der Eigentumsverhältnisse an Grund und Boden. (Abb. 38) Es ist sicher kein Zufall, daß sich in Wyhl ad hoc eine internationale Volkshochschule gebildet hat, mit alternativen Lehrvorstellungen und bezeichnenderweise auch einigen Leuten vom Bau unter den ‚Dozenten'. Hätte das länger gedauert, hätte es sicher auch Rückwirkungen gehabt auf die Bauaktivitäten der Platzbesetzer.
Vorläufig wird nur versucht, das Haus zum Konsumartikel zu machen. Von daher kommen die utopischen Stadtmodelle, wo in irgendwelche Chromstahl-Gitterraster industriell gefertigte, glatt lackierte Marken-Wohnzellen eingehängt werden, deren innere Einrichtung zwar variabel ist, aber natürlich nur, wenn man das Hin- und Herschieben der Wände elektronisch steuert. Diese Gehäuse, die dann vermutlich — wie heute schon die Autos — weniger wegen ihrer Nützlichkeit als wegen ihres Prestigewertes gekauft würden, dienen nicht so sehr dem Leben ihrer Bewohner als dem Schneeballgeschäft Wirtschaftswachstum. Was wir von der Industrie erwarten, sind keine mit allen Schikanen ausgerüstete Fertigprodukte, sondern Halbfertigteile, handhabbare Bauglieder, die aber auch wieder nicht so ausgefeilt sein sollen, wie das, was Konrad Wachsmann anbietet. Denn wo das Bauen mit dem Leben in einem Wechselprozeß steht, da wird man mit Wurstelei oft mehr erreichen als mit Präzision. Wenn es brauchbar sein soll, dann muß man an einem Bauteil auch mal was absägen oder durchbohren können, und die besenreine Baustelle ist so unwichtig wie jeder Sauberkeitskult überhaupt.
Baukunst spiegelt die gesellschaftlichen Bedingungen ihrer Zeit, davon bin

38 Das Freundschaftshaus in Wyhl 1974

ich ausgegangen. Und am Ende meiner Betrachtung stellt sich daher die Frage nach der Gesellschaft, die Neues Bauen nicht nur braucht, sondern durch Neues Bauen auch geordnet wird. Regelprozesse sind selbstverständlich keine moderne Erfindung, nur ihre Anwendung in der Technik ist neu, die Erkenntnis, wie sie funktionieren. Alle bisherigen Gesellschaften waren selbstverständlich Regelprozessen unterworfen, sie wußten es nur nicht. Für den Menschen, der in einer architektonisch aufgebauten Hochkultur lebt, sind Veränderungen undenkbar, alles war schon immer so, alles wird immer so bleiben. Wirkliche gesellschaftliche Umwälzung kennen wir erst heute, und sie fallen zusammen mit den naturwissenschaftlichen Entdeckungen, nicht zuletzt der Kybernetik.

Die Erfahrung, daß Gesellschaft nicht architektonisch gedacht werden kann, zwingt uns, den architektonischen Staat anzuzweifeln, den Staat überhaupt, weil er nicht anders als architektonisch möglich ist. Sicher ist jedenfalls, daß die neue Gesellschaft nicht auf einer Ideologie basieren kann, denn Ideologien haben immer ein Ziel. Sie gehen davon aus, daß es eine ideale Gesellschaftsform gibt und daß die Geschichte des Menschen weiter nichts ist als der mühsame Weg dorthin. Ist diese Form erreicht, dann ist die Menschheit erlöst, die Gesellschaft für immer stabil. Diese Stabilität wird gesetzlich festgeschrieben, damit jeder, der sie stört — Irrende und Abweichler wird immer geben — auf die rechte Bahn geführt werden kann.

Die neue Gesellschaft aber hat kein Ziel, weder ein ideologisches noch sonst irgend eines, sie ist — und das ist ihre beste Eigenschaft — ziellos. Sie wird das Gesetz als äußerst fragwürdiges Mittel ansehen, ihre Regelungsprozesse in Gang zu halten. Wir erleben das ja schon heute, daß sich die Politiker viel lieber auf eine nicht codifizierte, mehrdeutig auslegbare ‚freiheitlich demokratische Grundordnung' berufen als auf die definitiv fixierte Verfassung, daß sich das Verfassungsgericht nicht in der Lage sieht, Gesetze an der Norm zu kontrollieren, ohne dabei — gewollt oder ungewollt — Politik zu machen. Es hat keinen Sinn, das zu beklagen, man muß es in den Griff bekommen. Die Richter vom Volk wählen lassen, damit sie eine politische Legitimation haben, Verfassungen aufstellen, deren Gültigkeitsdauer von vornherein begrenzt ist, damit jede Generation die Chance hat, sich ihr eigenes Grundgesetz zu geben. Wer mit Bauen zu tun hat, der weiß, daß das deutsche Bundesbaugesetz mit Recht in immer kürzeren Abständen novelliert wird. Nur, bei unserer architektonischen Vorstellung vom Gesetz wird es nicht eigentlich fortgeschrieben, sondern nur mit Ergänzungen befrachtet, die es immer unübersichtlicher machen. Was wir brauchen, sind Normen, die sich ohne schwerfälligen Parlamentsbetrieb regeln lassen und schneller reagieren auf neue gesellschaftliche Gegebenheiten.

Das Gesetz kann nicht unbewaffnet sein, und seine hervorragendste Waffe ist der Tod. Denen, die es übertreten, antwortet es in letzter Instanz mit dieser absoluten Drohung. Hinter dem Gesetz steht immer das Schwert. Eine Macht aber, die das Leben zu sichern hat, bedarf fortlaufender, regulierender und korrigierender Mechanismen. Es geht nicht mehr darum, auf dem Feld der Souveränität den Tod auszuspielen, sondern das Lebende in einem Bereich von Wert und Nutzen zu organisieren.

Eine solche Macht muß eher qualifizieren, messen, abschätzen, abstufen, als sich in einem Ausbruch manifestieren. Statt die Grenzlinie zu ziehen, die den gehorsamen Untertanen von den Feinden des Souveräns scheidet, richtet sie die Subjekte an der Norm aus, indem sie sie um diese anordnet. Ich will damit nicht sagen, daß sich das Gesetz auflöst oder daß die Institutionen der Justiz verschwinden, sondern daß das Gesetz immer mehr als Norm funktioniert und sich die Justiz immer mehr in ein Kontinuum von Apparaten (Gesundheits- und Verwaltungsapparaten), die hauptsächlich regulierend wirken, integriert. (...)

Verglichen mit den Gesellschaften des 18. Jahrhunderts, befinden wir uns jetzt in einer Phase, in der das Rechtliche auf dem Rückgang ist. Lassen wir uns nicht täuschen von der Einführung geschriebener Verfassungen auf der ganzen Welt seit der französichen Revolution, durch die zahllosen und ständig novellierten Gesetzesbücher, durch eine unaufhörliche und lärmende Gesetzgebungstätigkeit: das alles sind Formen, die eine wesenhaft normalisierende Macht annehmbar machen. (6, S. 171 f.)

Das ist von Michel Foucault (geb. 1926), den wir uns in Deutschland vielleicht noch eine Weile vom Hals halten können, indem wir ihn für irrealistisch erklären. Seine überragende Bedeutung liegt darin, daß er für die Gesellschaft das leistet, was Freud für das Individuum getan hat. Er zeigt, daß Gesellschaft keiner Macht-Architektur unterliegt, daher auch Machtübernahmen und Abwehr von Macht nicht möglich sind — der Irrtum der dreißiger Jahre —, sondern daß Macht sich aus zerstreut auftretenden Regelprozessen punktuell ergibt. Darum wird die neue Gesellschaft nur lebensfähig sein, wenn sie die falsch — weil architektonisch — interpretierte Staatsmacht abbaut. Nicht um *die* Anarchie zu schaffen, sondern ein System, in dem es von Fall zu Fall mehr oder weniger Anarchie gibt, die Regelprozessen unterworfen ist, welche nie mehr zur Ruhe kommen. Es ist gleichgültig, ob man das von der Basis des Sozialismus oder des Liberalismus aus angeht, alle angebotenen Systeme, Räterepublik oder soziale Dreigliederung oder was immer, sind dazu tauglich, nicht weil eines von ihnen das ideale wäre, sondern weil sie mehr Anarchie versprechen. Vor allem aber muß das Bauen hoheitlicher Vormundschaft entzogen werden. Natürlich bleiben für jedes Haus Standfestigkeit oder Feuersicherheit nachzuweisen, sie zu überprüfen wäre aber sinnvollerweise Sache der Gebäudeversicherungen, in deren Interesse das liegt. (Wie ja überhaupt in der neuen Gesellschaft die frei vereinbarte Versicherung an die Stelle der Staatsfürsorge treten wird.) Aber Vorschriften für Baugestaltung, ein ästhetisches Prüfverfahren, der absurde Vorgang, daß der private Geschmack eines Bauenden vom privaten Geschmack eines Baubeamten unterdrückt werden kann, das darf es nicht mehr geben, wenn Neues Bauen zum Durchbruch kommen soll.

Quellen

(1) Bachelard, Gaston, Psychoanalyse des Feuers, deutsch von Hans Naumann, Stuttgart 1959
(2) Bahrdt, Hans Paul, Die moderne Großstadt, Reinbek 1961
(3) Conrads, Ulrich (Hrsg.), Programme und Manifeste zur Architektur des 20. Jahrhunderts (Bauwelt Fundamente Bd. 1), Braunschweig/Wiesbaden 1975³
(4) Fitch, James M., Vier Jahrhunderte Bauen in USA, deutsch von Joachim A. Frank (Bauwelt Fundamente Bd. 23), Berlin 1968
(5) Fröhlich, Martin, Gottfried Semper, Zeichnerischer Nachlaß an der ETH Zürich, Kritischer Katalog, Basel 1974
(6) Foucault, Michel, Sexualität und Wahrheit, 1. Band, Der Wille zum Wissen, deutsch von Ulrich Rauf und Walter Seitter, Frankfurt am Main 1977
(7) Grisebach, August, Carl Friedrich Schinkel, Leipzig 1924
(8) Gruber, Karl, Friedrich Ostendorf, Karl Weber und die Schäferschule im Wandel der Generationen, in: ‚Ruperto Carola', Band 29, Heidelberg 1961
(9) Häring, Hugo, vom neuen bauen, Berlin (Außeninstitut der Technischen Universität Berlin-Charlottenburg) 1952
(10) Hugo, Victor, Notre Dame de Paris, deutsch von Else von Schorn, Wiesbaden 1977
(11) Lévi-Strauss, Claude, Traurige Tropen, deutsch von Eva Moldenhauer, Frankfurt am Main 1978
(12) Müller, Werner und Vogel, Gunther, dtv-Atlas zur Baukunst, Band 1, München 1974
(13) Ostendorf, Friedrich, Sechs Bücher vom Bauen, 1. Band, Einführung, Berlin 1914²
(14) Paul, Sherman, Louis H. Sullivan, ein amerikanischer Architekt und Denker, deutsch von Henni Korssakoff-Schröder (Bauwelt Fundamente Bd. 5), Berlin 1963
(15) Schinkel, Karl Friedrich, Briefe, Tagebücher, Gedanken, hrsg. von Hans Makkowsky, Berlin 1922
(16) Semper, Gottfried, Der Stil in den technischen und tektonischen Künsten, 2 Bände, München 1878²
(17) Van de Velde, Henry, Amo, Wiesbaden 1954
(18) Viollet-le-Duc, Eugène Emanuel, Dictionnaire raisonné de l'architecture francaise du XIe au XVIe siècle, 10 Bände, Paris 1854–1869 (Zitate deutsch vom Verfasser)
(19) Viollet-le-Duc, Eugène Emanuel, Entretiens sur l'architecture, 2 Bände, Paris 1852 und 1872 (Zitate deutsch vom Verfasser)
(20) Wachsmann, Konrad, Wendepunkt im Bauen, Wiesbaden 1959
(21) Wright, Frank Lloyd, Schriften und Bauten, hrsg. von Edgar Kaufmann und Ben Raeburn, deutsch von Jutta und Theodor Knust, München 1963

Register

Alberti, Leon Batt. (1404–1472) 12
Anarchie 77, 110 f.
Architektur
— amerikanische 77
— Fachausdrücke, Ursprung 46
— Gegensatz zum Neuen Bauen 106
— Herrschaftsanspruch 8
— Idealarchitektur 8
— Mensch und 8, 21
— palladian architecture 25, 77
— römische
— — Grundlage der modernen 28
— — technisch-ästhetisches Prinzip 28, 30, 31
— stereotomische 33
— Style Classique 25
— Theorie, Semper/Viollet-le-Duc 44
— tektonische 33
— textile 46
— Weltbild 101
Athen 85

Bachelard, Gaston 13
Baden 62
Balthard, Victor (1805–1874) 70
Bahrdt, Hans Paul (1918) 29, 32
Bauhaus 62, 97
Bauten
— Bologna, San Petronio 37
— Bremen, Böttcherstraße 10
— Florenz, Palazzo Strozzi 39
— Fonthill Abbey 37
— Noisiel-sur-Marne (Marne-la-Vallée), Chocolat Menier
— — Gesamtanlage 73 (Fußn.)
— — Mühlengebäude 70 f., 72
— Paris
— — Centre Pompidou 42, 93
— — Markthallen 70, 71
— Virginia City, Pipers Opera House 78

Beckford, William 37
Berlin 86 f.
Biedermeier 16
Bremen 10
Buchdruckerkunst 53

Chicago 77, 81, 107
Codifizierung 53
Columbian Exhibition 1893 81

Demokratie 77, 80, 82, 107
Dewey, John (1859–1952) 77, 79, 80
Dürer, Albrecht (1471–1528) 36

Eklektizismus 10, 13
Etymologie 47, 50

Faschismus 97
Fitch, James 81
Foucault, Michel (1926) 110
Freiburg 58, 59, 60, 61

Gartenstadt 16, 63
Gaudi, Antoni (1852–1926) 26
Goya, Francisco 22
Gruber, Karl 64
Guimard, Hector (1867–1942) 16, 17

Häring, Hugo (1882–1958)
— Architektenvereinigung ‚Der Ring‘ 87
— Aufgaben der Kulturkreise 18
— Haus als Leistungsform 16
— Verhältnis zur Kathedralgotik 44
— Verhältnis zu
— — Le Corbusier 18, 22
— — Mies van der Rohe 87
— — Scharoun 87
— Zitate
— — Architektur und Geometrie 8

– – Gegensatz Neues Bauen-Architektur 18
– – Themen der Gestaltlehre 99
– – Werkbund 16
Hoetger, Bernhard (1874–1949) 10
Hugo, Victor (1802–1885) 15, 52 f.

Industrielle Revolution 12
Institutionalismus 77
Instrumentalismus 77
Ironie 11, 21 f.

James, William (1842–1910) 77, 80
Jugendstil 11, 15, 16, 82

Kaiseraugst 107
Kapitalismus, amerikanischer 81
Karneval 11
Klassizismus
– als Ismus 65
– offizieller Stil um 1800 25
– weiße Farbe 65
Kugler, Franz (1808–1858) 66
Kybernetik 103, 104

Le Corbusier
– Bauten
– – Chandigarh, Stadtplanung 22
– – Ronchamp, Notre Dame du Haut 22, 23
– Einfluß 22
– Konservativer 19
– Maschine 19 f.
– Modulor 20, 21
– Vers une architecture 18
– Zitate
– – Außenhaut der Bauwerke 21
– – Geometrie als Grundlage der Architektur 19
– – Geometrie als Grundlage der Maschine 19
– – Wohnmaschine 19
Liszt, Franz 22

Markolsheim 107
Maschine 12, 19, 103

McDonald 64
Mies van der Rohe, Ludwig (1886–1969)
– Architektenvereinigung ‚Der Ring' 87
– Berlin, Nationalgalerie 87, **88**
– Entwurfsmethode 87
– Lehrtätigkeit 87
– Verhältnis zu
– – Scharoun 89
– – Schinkel 89
Morris, William (1834–1896) 15, 62, 92

Napoleon III. 35
Nervi, Pier Luigi 18
Neues Bauen 18, 99
Neugotik
– Entwicklung in Frankreich nach 1900 40 f.
– Ingenieurstil 34, 40
– nationalistischer Stil 34, 35
– regionalistischer Stil 25
– restaurativer Stil 26 f.
– sozialistischer Stil 27, 34
– Verhältnis zur
– – Nachgotik (16.–18. Jhd.) 37
– – Neurenaissance 64
– Verwendung von Eisen 40, 41
New York 105 f.
Noisiel-sur-Marne (Marne-la-Vallée) 70 f.
Nostalgie 15, 22

Ostendorf, Friedrich (1871–1915) 63 f.

Palladio, Andrea (1508–1580) 37
Parallelogramm der Kräfte **100**, **102** 104 f.
Paris 42, 70
Paxton, Joseph (1803–1865)
– Bauten
– – Gewächshäuser 90
– – historische Landhäuser 92
– – London, Kristallpalast 89 f., 91

- Verhältnis zu Schinkel 90
Picasso, Pablo 19
Piranesi, Giovanni Batt. (1720–1778)
- Carceri 8, 9, 83
- Veduti di Roma 6, 8, 82
Potsdam 83

Regelkreis 103, 104
Regionalismus 25
Renaissancismus
- kosmopolitischer Stil 28
- repräsentativer Stil 29

Saulnier, Jules (1817–1881) 70
Schäfer, Karl (1844–1908) 60, 62
Schaffhausen 36
Scharoun, Hans (1893–1972)
- Architektenvereinigung ‚Der Ring' 87
- Berlin, Philharmonie 88, 89
- Entwurfsmethode 87 f., 98
- Verhältnis zu
- – Mies van der Rohe 89
- – Schinkel 89
Schinkel, Friedrich (1781–1841)
- Bauten
- – Athen, Königspalast (Entwurf) 85 f., 85
- – Berlin, Bauakademie 68, 69 f.
- – Berlin, Domentwurf 67
- – Berlin, Haus Feilner 70
- – Berlin, Kaufhausentwurf 70
- – Berlin, Kirche in der Oranienburger Vorstadt (Entwurf) 90, 91
- – Berlin, Museum 83, 84, 87, 88
- – Berlin, Packhofanlagen 70
- – Potsdam, Gärtnerhaus Charlottenhof 84, 85, 90
- farbige Architektur 65
- Potsdamer Landschaftsbaukunst 83
- Verhältnis zur Chicago-School 77, 82
Schlegel, Friedr. (1772–1829) 51
Semiotik 11
Semper, Gottfried (1803–1879)
- Bauformen als Bedeutungsträger 55
- Bauten

- – Winterthur, Rathaus 55, 56
- – Zürich, Polytechnikum 24, 55
- Entwicklung der Stilformen 46
- Etymologie 47
- Farbe an antiken Bauten 65
- Gesellschaftliches Umfeld 34 f.
- Kosmopolit 28
- Nationalismus 28
- Schrift: Der Stil 44 f.
- textile Wand 51, 73
- Verhältnis zu
- – Le Corbusier 22
- – Viollet-le-Duc 26 (Fußn.), 27 f.
- Zitate
- – Bauformen sind Sprachformen 46, 57
- – Bekleiden und Maskirn 11, 22
- – Grundgedanken zur Schrift ‚Der Stil' 45
- – Kritik der gotischen Bautechnik 43 f.
- – Neugotik und Restauration 26 f.
- – Tektonik des dorischen Tempels 51
- – textiles Bauen älter als sich Bekleiden 45
- – Textilkunst und ursprüngliche Stämme 45
- – textiler Ursprung der Wand 42
- – zeitliche Folge der Grundtechniken 45
Shannon, Claude 101
Sherman, Paul 80
Stabilisierung 102 f.
Stadt
- mittelalterliche 58 ff.
- neunzehntes Jahrhundert 28, 63
- römisches Kaiserreich 58
- utopisches Modell 107
Stalin, Joseph 64
Stilgeschichte 13
Stravinsky, Igor 19
Strukturalismus 57
Sullivan, Louis (1856–1924)
- Bauten

– – Buffalo N.Y., Guaranty Building 75
– – Chicago Ill., Maschinenhalle 1893 81
– Zitate
– – Architektenerziehung 79 f.
– – Bürohochhaus 74 ff.
Symbol 11

Thermostat 102 f.
Thoma, Rudolf 61
Triglyphen 47 f., 48, 49, 50

Van de Velde, Henry (1863–1957) 11 f., 19
Veblen, Thorstein (1857–1929) 77
Venturi & Rauch 64
Viollet-le-Duc, Eugène (1814–1879)
– Bauten
– – Paris, Notre Dame 36, 37 ff., 38, 54, 55
– – Roquetaillade, Schloß 35
– gesellschaftliches Umfeld 35
– Nationalist 27
– Restaurator 26
– Schriften
– – Dictionnaire Raisonné 36 f., 44 f.
– – Entretiens sur l'Architecture 40
– Verhältnis zu
– – deutsche Architektur 27

– – Jugendstil 14, 15, 17
– – Repräsentationsarchitektur 32 f.
– – Semper 26 (Fußn.), 27 f.
– Zitate
– – Architektur, zwei Grundstrukturen 34
– – Balustrade, Konstruktion 38
– – Gotik, weltlicher Stil 35 f.
– – Pantheon, Rekonstruktion 32 f.
– – Tradition in der Kunst 34
Vitruv (25v.) 13, 47
Vorderörsterreich 62

Wachsmann, Konrad (1901) 93 f., 94
Warenfetischismus 12
Weltausstellung 1851 62, 89 f.
Werkbund, deutscher 16, 34
Winckel, Fritz 101
Winterthur 55
Wohnmaschine 19
Wright, Frank Lloyd (1869–1959) 81 f., 97 f.
Wyatt, James (1748–1813) 37
Wyhl 107, 108

Zähringer Herzöge 58, 62
Zürich 55
Zweiter Hauptsatz der Thermodynamik 102

Bauwelt Fundamente

Dokumente zu Architektur und Städtebau –
Bausteine für die Stadt von morgen

Band 1	Conrads (Hrsg.), Programme und Manifeste zur Architektur des 20. Jahrhunderts
Band 2	Le Corbusier, 1922 – Ein Ausblick auf eine Architektur
Band 3	Hegemann, 1930 – Das steinerne Berlin
Band 5	Paul, Louis H. Sullivan
Band 7	Jaffé, De Stijl 1917–1931
Band 8	Taut, 1920–1922 – Frühlicht
Band 10	Behne, 1923 – Der moderne Zweckbau
Band 11	Posener, Anfänge des Funktionalismus
Band 13	Mattern, Gras darf nicht mehr wachsen
Band 14	El Lissitzky, 1929 – Rußland: Architektur für eine Weltrevolution
Band 15	Norberg-Schulz, Logik der Baukunst
Band 16	Lynch, Das Bild der Stadt
Band 17	Günschel, Große Konstrukteure 1
Band 19	Teut, Architektur im Dritten Reich 1933–1945
Band 20	Schild, Zwischen Glaspalast und Palais des Illusions
Band 22	Gurlitt, Zur Befreiung der Baukunst
Band 23	Fitch, Vier Jahrhunderte Bauen in USA
Band 24	Schwarz/Gloor (Hrsg.), Die Form
Band 27	Hillmann, Über die Umwelt der arbeitenden Klasse
Band 33	De Fusco, Architektur als Massenmedium
Band 34	Fehl/Fester/Kuhnert (Hrsg.), Planung und Information
Band 35	Canter (Hrsg.), Architekturpsychologie
Band 36	Friend/Jessop (Hrsg.), Entscheidungsstrategien in Stadtplanung und Verwaltung
Band 38	Grauhan (Hrsg.), Großstadt-Politik
Band 39	Tzonis, Das verbaute Leben
Band 40	Hamm, Betrifft: Nachbarschaft
Band 42	Schwab, „Das Buch vom Bauen"
Band 43	Trieb, Stadtgestaltung
Band 45	Barnbrock (Hrsg.), Materialien zur Ökonomie der Stadtplanung
Band 46	Albers, Entwicklungslinien im Städtebau
Band 47	Durth, Die Inszenierung der Alltagswelt
Band 48	Hilpert, Die Funktionelle Stadt
Band 49	Schumacher (Hrsg.), Lesebuch für Baumeister
Band 50	Venturi, Komplexität und Widerspruch
Band 51	Schwarz, Wegweisung der Technik
Band 52	Blomeyer/Tietze, In Opposition zur Moderne
Band 53	Venturi/Scott/Brown/Izenour, Lernen von Las Vegas
Band 54/55	Posener, Aufsätze und Vorträge 1931–1980
Band 56	Hilpert (Hrsg.), Die Charta von Athen
Band 59	Kähler, Architektur als Symbolverfall

Friedr. Vieweg & Sohn Verlagsgesellschaft mbH · Wiesbaden

Bauwelt Fundamente

Dokumente zu Architektur und Städtebau –
Bausteine für die Stadt von morgen

Band 58
Heinz Quitzsch

Gottfried Semper – Praktische Ästhetik und politischer Kampf
Im Anhang:
Die vier Elemente der Baukunst

Reprint der Erstausgabe Braunschweig 1851. 1981. ca. 216 S. 14 X 19 cm. Kartoniert

Dieses Buch ist der erste Versuch, die Arbeiten des Baumeisters Gottfried Semper vom Standpunkt der materialistischen Geschichtsauffassung her zu verstehen und zu würdigen. Semper war nicht nur Autor des – unvollendet gebliebenen – Buches ‚Der Stil in den technischen und tektonischen Künsten oder praktische Ästhetik', er verfaßte auch eine der ersten Arbeiten, in der sich ein Architekt mit dem Verhältnis von Kunst und ästhetischer Theorie zur gesellschaftlichen Wirklichkeit auseinandersetzte. Semper vertrat in all seinen Schriften den Gedanken, daß sich in der Architektur die sozialökonomischen Tatsachen und Prozesse niederschlagen. Für deren Veränderung stritt er als konsequenter Republikaner und Demokrat. Das vorliegende Buch versucht die Beziehungen von ästhetischer und politischer Praxis im Wirken Sempers herauszuarbeiten.

Friedr. Vieweg & Sohn Verlagsgesellschaft mbH · Wiesbaden

Bei Fragen zur Produktsicherheit wenden Sie sich bitte an:
If you have any questions regarding product safety,
please contact:

Birkhäuser Verlag GmbH
Im Westfeld 8
4055 Basel, Schweiz
productsafety@degruyterbrill.com